THE GREATEST SECRET

DAS GRÖSSTE GEHEIMNIS

THE GREATEST SECRET

DAS GRÖSSTE GEHEIMNIS

Aus dem amerikanischen Englisch
von Karl Friedrich Hörner

Rhonda Byrne

HarperCollins

Die amerikanische Originalausgabe erschien 2020 unter dem Titel
The Greatest Secret bei HarperOne, einem Imprint von HarperCollins*Publishers*, New York.

FSC® MIX Papier | Fördert gute Waldnutzung FSC® C018236 www.fsc.org

2. Auflage 2022
Deutsche Erstausgabe
Ungekürzte Ausgabe im HarperCollins Paperback

Umschlag- und Buchgestaltung nach der Originalausgabe:
Kreativdirektion und Artwork by Nic George
Grafik und Design by Josh Hedlund
Layout by Yvonne Chan
Satz: Christin Müller, Typografie und Produktion, Leipzig
Printed in Poland
Dieses Buch wurde auf FSC®-zertifiziertem Papier gedruckt.
ISBN 978-3-365-00315-2
www.harpercollins.de

Im Laufe meiner Reise erfuhr ich viele Dinge, die der Öffentlichkeit im Allgemeinen unbekannt sind, doch obwohl sie faszinierend waren, gab mir keines von ihnen das Gefühl, *die* Wahrheit gefunden zu haben.

Im Verlauf der Jahre glaubte ich sogar, dass diese Suche mein Leben für immer bestimmen könnte. Damals war mir noch nicht klar, dass ich nach einer Wahrheit suchte, die mir die ganze Zeit näher war, als ich es mir jemals hätte vorstellen können.

Zehn Jahre nach Beginn meiner Suche, Anfang Januar 2016, kam es in meinem Leben zu einer schwierigen Situation, in der ich mich zutiefst enttäuscht fühlte. Ich war überrascht, wie tief die negativen Emotionen reichten, die mich quälten. Wie konnte ich mich so schlecht fühlen, wenn ich mich doch normalerweise so gut fühlte? Doch jene enttäuschende Situation sollte das größte Geschenk auf meiner Suche nach der Wahrheit werden.

Um aus meiner Enttäuschung herauszufinden, griff ich mir mein iPad und sah mir in »Conscious TV« ein Interview mit einem Mann namens David Bingham an. Als das Interview aufgenommen wurde, war David kein Lehrer, sondern ein ganz gewöhnlicher, alltäglicher Mensch wie Sie und ich – mit einem Unterschied: Nach zwanzig Jahren der Suche hatte er die Wahrheit entdeckt!

Ich sah mir das Interview an und hörte anschließend einen Podcast, den David empfohlen hatte. Ich lauschte dem Podcast sehr aufmerksam und erfuhr dabei, dass die meisten Leute zu übersehen pflegen, was er entdeckt hatte – nicht etwa, weil es so schwierig ist, sondern weil es so einfach ist. Dann hatte ich Gelegenheit, mit David zu telefonieren, und im Laufe unseres Gesprächs sagte er: »Sehen Sie, worauf ich hinweise. Genau da ist es.« Plötzlich sah ich, wonach ich gesucht hatte. Es *war* so einfach und es *war* genau hier. Und genau so endete meine Suche – nach zehn Jahren! Ich kann ohne zu zögern sagen, dass das Glück und die Freude, die ich dank dieser Entdeckung empfand, jede Sekunde meiner jahrelangen Reise wert waren. Selbst wenn ich

Der Anfang

Nach der Veröffentlichung von *The Secret – Das Geheimnis* im Jahr 2006 wurde mein Leben zu etwas, das ich nur als ein Traumleben bezeichnen kann. Da ich die Prinzipien aus *The Secret* gewissenhaft anwendete, war mein Denken überwiegend positiv geworden. Mein Leben spiegelte diesen positiven Zustand in meinem Glück, meiner Gesundheit, meinen Beziehungen und meinen Finanzen wider. Ich hatte zu einer unbefangenen Liebe und Dankbarkeit für alles im Leben gefunden.

Trotz alledem drängte etwas in mir, mehr von der Wahrheit zu suchen. Etwas trieb mich an, meine Suche fortzusetzen, auch wenn ich noch nicht wusste, wonach.

Ohne es damals zu ahnen, hatte ich eine Reise angetreten, die zehn Jahre dauern sollte! Es begann damit, dass ich mich mit den Überlieferungen einer alten europäischen Tradition beschäftigte, des Rosenkreuzerordens. Ich studierte ihre umfassenden Lehren viele Jahre lang. Auch mit dem Buddhismus, mit den vielen Werken der christlichen Mystiker, mit Theologie, Hinduismus, Taoismus und Sufismus habe ich mich einige Jahre befasst. Nachdem ich die alten Traditionen und ihre historischen Lehren studiert hatte, wandte sich meine Suche wieder der Gegenwart zu und ich fing an, Lehrern der jüngeren Zeit nachzugehen wie Jiddu Krishnamurti, Robert Adams, Lester Levenson und Ramana Maharshi sowie einigen heute noch lebenden Lehrern.

[illegible]

overlooked... the secret of secrets... the end of delusion... [illegible]

you can't see it... so subtle your mind can't understand it...

simple you can't believe it... so good you can't accept it...

hidden than the most concealed... [illegible] the greatest [illegible]

human being can make... hidden in plain sight [illegible]

than the most concealed... more evident than the most [illegible]

things... [illegible]

plain sight [illegible]

some very [illegible]

[illegible]

happiness... the ultimate [illegible] you have [illegible]

world.....the most [illegible]

most overlooked... the secret of secrets... the end of delusion [illegible]

close you can't see it... so subtle your mind can't understand [illegible]

so simple you can't believe it... so good you can't accept [illegible]

more hidden than the most concealed... this is the greatest [illegible]

human being can make... hidden in plain sight [illegible]

the most concealed... more evident [illegible]

things... that's nothing you can't [illegible]

plain sight for every one of us. To [illegible]

Inhalt

»Von all den Dingen,
die Menschen in diesem Leben lernen können,
habe ich euch die großartigste Nachricht
zu erzählen, die schönste Sache mitzuteilen …«

– Mooji

Der ganzen Menschheit gewidmet

Möge Das größte Geheimnis *Sie von allem Leiden befreien*
und Ihnen immerwährendes Glück bringen.

Das ist mein Wunsch für Sie –
und für jeden einzelnen Menschen.

mein ganzes Leben gebraucht hätte, um es zu entdecken, wäre es das wert gewesen.

Am Ende machte eine einzige simple Entdeckung die Wahrheit aus, nach der ich gesucht hatte, und nach der tatsächlich alle suchen, ob sie sich dessen bewusst sind oder nicht. Und nachdem ich die Wahrheit entdeckt hatte, konnte ich erkennen, dass sie überall war: In allem, was ich in den zehn Jahren gelesen und gelernt hatte, war sie enthalten. Ich hatte vorher einfach nicht den Blick, um sie zu sehen. Jahrelang hatte ich gesucht, bin von einer Tradition und Philosophie zur nächsten, dabei befand sich das, was ich gesucht hatte, die ganze Zeit direkt vor mir!

Von dem Moment an, da ich diese Entdeckung gemacht hatte, wusste ich, dass es nichts Wichtigeres gab, als sie besser zu verstehen, sie vollständig zu leben und sie mit der Welt zu teilen. Ich hoffte, allen Menschen, die in Not sind, den Ausweg zeigen und ihnen helfen zu können, den Schmerz und das Leiden zu beenden, das so viele ertragen, und ein Licht auf eine Zukunft zu werfen, in der wir ohne Angst und Furcht leben können.

Ich hatte bereits Notizen von allem, was ich erlebte und lernte, in einem Ordner auf meinem Computer gesammelt, den ich »Mein nächstes Buch« genannt hatte. Es war ein intuitives Gespür, das mich dazu inspirierte, alles aufzuzeichnen, was ich entdeckte, in der Hoffnung, es schließlich mit der Welt teilen zu können. Diese sorgfältig geführten Aufzeichnungen wurden, als ich mit ihrer Zusammenstellung fertig war, zur Grundlage für dieses Buch.

Nur zwei Monate nachdem ich durch David Bingham die Wahrheit entdeckt hatte, lernte ich jemanden kennen, der einen enormen Einfluss auf mein Leben und die Entstehung des vorliegenden Buches haben sollte. Sie betrat einen Raum, in dem ich mich bei einem Retreat aufhielt, und als ich auf sie zuging, um sie anzusprechen, hatte ihre Präsenz eine so tiefgreifende Wirkung auf mich, dass jede Spur von Negativität aus meinem ganzen Leben augenblicklich verschwand. Sie war eine ehemalige Schülerin eines meiner absoluten Lieblingslehrer, des bereits verstorbenen Robert Adams. Ich wusste sofort, dass sie meine Lehrerin sein würde, um mir zu helfen, die Wahrheit in diesem Leben ganz zu erkennen und zu leben. Die vergangenen vier Jahre blieb sie meine Lehrerin. Ihre Unterweisungen sind schnörkellos und herrlich einfach, und sie zögert nie, mich darauf aufmerksam zu machen, wenn ich in die falsche Richtung gehe. Auch wenn ich ihr versprach, ihren Namen nicht zu nennen, gebe ich hier viele ihrer lebensverändernden Lehren weiter, die mein Leben in eines ständiger Freude und Zufriedenheit geführt haben. Mein tiefster Wunsch ist, dass sie das auch für Ihr Leben tun werden.

Sie und viele andere Lehrer, die in diesem Buch vorkommen, halfen mir, aus dem Dunkel der Unwissenheit herauszukommen, indem sie diese Entdeckung ins Licht rückten. Jeder von ihnen half mir, die Wahrheit, die ich entdeckt hatte, umfassender zu verstehen und aus ihr heraus zu leben. Die Liebe, die ich zu ihnen empfinde, ist grenzenlos. Ihre Worte, die mein Leben für immer verändert haben, werden überall in diesem Buch aufscheinen.

Mit jedem Schritt auf Ihrem Weg durch dieses Buch werden Sie glücklicher und Ihr Leben müheloser werden, und dieses Glück und diese Mühelosigkeit werden größer werden und immer weiter zunehmen. Ängste und Ungewissheit über die Zukunft werden Sie nicht länger plagen. Ängste und Sorgen, die Ihren Alltag oder Weltereignisse betreffen, werden sich auflösen. Sie können frei sein von jeder Form von Leiden, das Sie gerade erleben. Und Sie werden es sein.

Auf den folgenden Seiten wird es gewiss so manche großen Enthüllungen geben, doch es gibt auch viele einfache Übungen, um diese Offenbarungen unmittelbar in die Praxis umzusetzen. Allein diese Übungen sind Gold wert! Ich weiß, wovon ich rede. Ich bin der lebende Beweis dafür, wie gut sie funktionieren.

Mit *The Secret – Das Geheimnis* habe ich Ihnen gezeigt, wie wir alles erschaffen können, was wir sein, tun oder haben wollen. Daran hat sich nichts geändert, es ist heute so wahr wie je zuvor. Das vorliegende Buch enthüllt die größte Entdeckung, die ein Mensch jemals machen kann, und zeigt Ihnen, wie Sie all Ihre negativen Gedanken und Gefühle, all Ihre Probleme und alles, was Sie nicht in Ihrem Leben haben wollen, überwinden können, um in ein Leben anhaltender Freude und Glück zu gelangen.

Besser wird es einfach nicht. Es ist mir die größte Freude, Sie in *Das größte Geheimnis* einzuweihen.

KAPITEL 1

Verborgen vor unseren Augen

Von den Milliarden Menschen, die auf unserem Planeten leben, sind es nur wenige, die die Wahrheit entdeckt haben. Diese wenigen sind gänzlich frei von den Turbulenzen und der Negativität des Lebens, sie leben in dauerhaftem Frieden und Glück. Der Rest von uns, ob wir uns dessen bewusst sind oder nicht, sucht unermüdlich nach dieser Wahrheit – Tag für Tag.

Trotz der Tatsache, dass dieses große Geheimnis im Laufe der Geschichte von vielen großen Weisen, Propheten und religiösen Führern beschrieben und angedeutet wurde, wissen die meisten von uns immer noch nichts über die größte Entdeckung, die wir überhaupt machen können. Unter denen, die diese Entdeckung mit uns geteilt haben, sind Buddha, Krishna, Laotse, Jesus Christus, Yogananda, Krishnamurti und der Dalai Lama.

Während ihre Lehren, je nach der Zeit, in der sie gelebt haben, unterschiedlich sind, beziehen sie sich doch alle auf dieselbe Wahrheit – die Wahrheit über uns und die Wahrheit, die unserer Welt zugrunde liegt.

»In manchen Religionen wird diese Wahrheit weniger offen und klar ausgedrückt als in anderen, gleichwohl ist es die Wahrheit, die im Herzen jeder Religion liegt.«
Michael James, aus: Happiness and the Art of Being

Dieses große Geheimnis ist für jeden von uns offen sichtbar. Es ist uns näher als unser Atem, trotzdem haben wir es übersehen. Alte Erfahrung weiß: Um ein Geheimnis zu verbergen, sollte man es dort verstecken, wo niemand auf die Idee kommen wird, danach zu suchen. Und genau hier liegt *das größte Geheimnis*.

»So gilt es in der Tradition des kaschmirischen Shivaismus als ›*das größte Geheimnis*, das verborgener als das versteckteste und doch offensichtlicher als das offensichtlichste aller Dinge ist‹.«
Rupert Spira, aus: Bewusstsein bewusst sein

Wir haben die Wahrheit seit Tausenden von Jahren übersehen, weil wir nicht auf das geschaut haben, was direkt vor uns liegt. Wir lassen uns leicht von unseren Problemen ablenken, dem Drama in unserem Leben, dem Kommen und Gehen der Ereignisse in der Welt. So haben wir die größte Entdeckung verpasst, die wir machen können und die genau hier vor uns liegt – eine Entdeckung, die uns aus dem Leiden heraus und in dauerhaftes Glück führen kann.

Welches Geheimnis könnte derart lebensverändernd sein? Welche einzelne Entdeckung kann jemals das Leiden beenden oder ewigen Frieden und Glück bringen?

Ganz einfach: ein Geheimnis, das offenbart, wer Sie wirklich sind.

Sie denken vielleicht, dass Sie wissen, wer Sie sind. Aber wenn Sie denken, Sie seien eine Einzelperson mit einem Namen, einem bestimmten Alter, einer bestimmten Herkunft, einer Familiengeschichte und verschiedenen Lebenserfahrungen, werden Sie angesichts der Offenbarung, wer Sie *wirklich* sind, verblüfft sein.

»Die einzige Art und Weise, wie jemand dir eine Hilfe sein kann, ist, indem er deine Vorstellungen in Frage stellt.«
Anthony de Mello, S. J., aus: Awareness. Conversations with The Masters

Wir alle haben im Laufe unseres Lebens viele falsche Vorstellungen und Überzeugungen verinnerlicht, und diese falschen Vorstellungen und Überzeugungen beherrschen uns. Man hat uns gesagt, dass es Einschränkungen und Mangel auf der Welt gebe, dass nicht genug Geld, Zeit, Ressourcen, Liebe oder Gesundheit vorhanden seien. »Das Leben ist kurz«, »Du bist nur ein Mensch«, »Du musst hart arbeiten und kämpfen, um es im Leben zu etwas zu bringen«, »Die Ressourcen gehen uns aus«, »Die Welt ist im Umbruch«, »Die Welt muss gerettet werden.« Doch sobald Sie die Wahrheit sehen, brechen diese Unwahrheiten in sich zusammen und aus den Ruinen wird Ihr Glück erstehen.

Vielleicht denken Sie jetzt: Mein Leben läuft wie geschmiert, warum sollte ich überhaupt *das größte Geheimnis* erfahren wollen?

»Weil dein Leben ein Chaos ist!«, um den wunderbaren, bereits verstorbenen Anthony de Mello, S.J., zu zitieren.

Vielleicht sind Sie anderer Ansicht. Ich jedenfalls empfand mein Leben nicht als Chaos, bis Anthony de Mello genau definierte, was er meinte.

Regen Sie sich jemals auf? Sind Sie jemals genervt? Machen Sie sich jemals Sorgen? Fühlen Sie sich jemals ängstlich, beleidigt oder verletzt? Haben Sie sich jemals traurig gefühlt, deprimiert oder verzweifelt? Sind Sie jemals unglücklich oder schlecht gelaunt? Wenn Sie zu irgendeinem Zeitpunkt irgendeine dieser Stimmungen oder Gefühlslagen erleben, dann ist Ihr Leben laut Anthony de Mello ein Chaos!

Sie halten es vielleicht für normal, den ganzen Tag von negativen Emotionen geplagt zu werden, aber das Leben sollte nicht so sein. Sie können Ihr Leben völlig frei von Verletzungen, Verstimmungen, Sorgen und Ängsten führen und in *ständigem* Glück leben.

Das Leben zeigt uns, dass es einen Ausweg aus dem Leiden gibt, durch jeden einzelnen schwierigen Umstand, den wir erleben, besonders durch die sehr schwierigen Umstände. Aber wir sehen es nicht. Wir verlieren uns in unseren Problemen und übersehen dabei genau das, was direkt vor uns liegt und der endgültige Ausweg aus allen Problemen ist!

»Wir suchen Glück in einem Erlebnis nach dem anderen, einer Beziehung nach der anderen, einer Therapie nach der anderen, einem Workshop nach dem anderen – sogar in ›spirituellen‹, die so vielversprechend klingen, aber niemals die Grundursache des Leidens ansprechen: Unwissenheit über unsere wahre Natur.«
Mooji, aus: White Fire, *Second Edition*

Wann immer wir leiden, liegt es daran, dass wir etwas über uns angenommen haben, das nicht wahr ist; wir haben unsere eigene Identität falsch verstanden. *Alles* Leiden der Menschheit läuft auf eine falsch verstandene Identität hinaus.

Es stimmt nicht, dass Sie keine Kontrolle über Ihr Leben haben. Sie sind nicht gezwungen, einen Job zu machen, den Sie nicht mögen, um letztendlich daran zugrunde zu gehen. Sie sind nicht gezwungen, sich von Monatsgehalt zu Monatsgehalt zu hangeln. Sie müssen sich nicht selbst oder anderen Menschen dauernd etwas beweisen. Sie sind keine Person, die so etwas tun muss. Die Wahrheit ist, dass Sie eigentlich überhaupt keine Person sind. Sie haben ganz bestimmt die *Erfahrung*, eine Person zu sein, doch im Gesamtzusammenhang ist es nicht das, was Sie sind.

»Es ist nicht so, wie es scheint. Du bist nicht, was du zu sein denkst.«
Jan Frazier, aus: The Freedom of Being

»Manchmal zielen wir auf die Symptome im Leben, doch die wahre Ursache im Leben – das Verständnis und die Anerkennung unserer wahren Natur – verfehlen wir. Das ist die einzige Medizin für alles.«
Mooji

»Jedes Unglück, jede Unzufriedenheit und jedes Elend, das wir in unserem Leben erfahren, wird nur durch unser Unwissen oder falsches Verständnis dessen verursacht, wer oder was wir wirklich sind. Wenn wir also frei von Elend und Unglück aller Art sein wollen, müssen wir uns selbst aus unserem Unwissen oder falschen Verständnis dessen befreien, was wir wirklich sind.«
Michael James, aus: Happiness and the Art of Being

Wie Ihr Leben verläuft, können Sie am Grad Ihrer Zufriedenheit messen. Wie glücklich sind Sie? Sind Sie die ganze Zeit wirklich glücklich? Leben Sie in einer dauerhaften Atmosphäre des Glücks? Sie sollten die ganze Zeit glücklich sein. Sie *sind* Glück. Glück ist Ihre wahre Natur. Glück ist, wer Sie wirklich sind.

»Jeder von uns auf dieser Welt sucht genau das Gleiche. Alle Wesen, sogar die Tiere, suchen danach. Und was ist das, was wir alle suchen? Glück ohne Kummer. Ein dauerhaftes Glück ohne jegliche Trübung durch Kummer.«
Lester Levenson, aus: Will Power *(Audio)*

Jede Maßnahme, die wir ergreifen, jede Entscheidung, die wir treffen, ist von unserem Glauben getragen, dass wir damit glücklicher werden. Es ist kein Zufall, dass wir alle nach Glück suchen. In unserem Streben nach Glück suchen wir in Wirklichkeit nach uns selbst, ohne es zu merken!

Es ist nicht möglich, durch materielle Dinge dauerhaftes Glück zu finden. Jedes materielle Ding erscheint und verschwindet schließlich. Wenn Sie also Ihr Glück an etwas Materielles hängen, wird Ihr Glück verschwinden, wenn das Materielle verschwindet. Nichts spricht gegen materielle Dinge – sie sind wunderbar und Sie selbst verdienen es, in Ihrem Leben alles zu haben, was Sie wollen –, aber es ist ein wichtiger Durchbruch zu erkennen, dass Sie in materiellen Dingen niemals dauerhaftes Glück finden werden. Wenn sie uns Glück brächten, dann würde uns das Glück nie wieder verlassen, sobald wir etwas besitzen, das wir wirklich haben wollten. So ist es aber nicht. Stattdessen erleben wir nur ein flüchtiges Glück und sind binnen kürzester Zeit wieder da, wo wir angefangen haben – in einem Zustand, in dem wir mehr Dinge wollen, um uns wieder glücklich zu fühlen.

Es gibt nur einen Weg zum anhaltenden, dauerhaften Glück: herauszufinden, wer Sie wirklich sind, denn Ihre wahre Natur IST Glück.

»Die Welt ist so unglücklich, weil sie das wahre Selbst nicht kennt. Die wahre Natur des Menschen ist Glück, und Glück ist dem wahren Selbst angeboren. Die Suche des Menschen nach dem Glück ist eine unbewusste Suche nach seinem wahren Selbst … Wenn man es findet, findet man ein Glück, das nicht zu Ende geht.«
Ramana Maharshi

»Der einzige wirkliche Zweck, hier auf dieser Erde zu sein, besteht darin, unseren ursprünglichen natürlichen, grenzenlosen Zustand kennenzulernen oder uns daran zu erinnern.«
Lester Levenson, aus: Will Power *(Audio)*

»Die Entdeckung unseres wahren Selbst hat die Kraft, die Dunkelheit des Unwissens in das Licht des reinen Verstehens zu verwandeln. Es ist die tiefgreifendste, wichtigste und radikalste Entdeckung. Es ist ein Baum, der sofort Früchte trägt. Wenn wir erkennen, wer wir sind – derjenige, der die Welt erlebt und wahrnimmt –, werden so viele Dinge in Ordnung gebracht. Du musst nicht viele Dinge wissen, wenn es Wahrheit ist, wonach du suchst. Du brauchst keine dicken, klugen Bücher – es gilt allein, das eine wahre Selbst zu erkennen, das du bist.«
Mooji

Sich daran zu erinnern, wer man wirklich ist, wurde im Laufe der Jahrhunderte mit vielen verschiedenen Begriffen bezeichnet: Erleuchtung, Selbsterkenntnis, Selbstentdeckung, Erwachen, Erinnern. Sie denken wahrscheinlich, dass »Erleuchtung« nichts für Sie sei – (»Ich bin doch nur ein normaler Mensch«) –, doch weiter von der Wahrheit können Sie nicht entfernt sein. Diese Entdeckung – dieses Glück, diese Freiheit – ist es, wer Sie sind. Warum sollte es also nichts für Sie sein?

»Öffne dich der Möglichkeit, in diesem Augenblick die Wahrheit
darüber zu erfahren, was du genau in diesem Moment bist.
Wie, fragst du jetzt vielleicht? Indem du bemerkst, dass das einzige
Hindernis, das dir im Weg steht, deine Vorstellungskraft ist –
deine imaginäre Opposition.«
Meine Lehrerin

»Wir sind frei und wir wissen es nicht. Es fühlt sich so ganz und gar
unmöglich an, dass es so sein könnte. Wir würden schwören, dass wir
auf Gedeih und Verderb dem ausgeliefert sind, was schiefgeht und
was gut verläuft. Trotzdem (und das ist die Wahrheit) ist die Freiheit
genau hier.«
Jan Frazier, aus: The Freedom of Being

»Selbsterkenntnis ist für jemanden, der keine Bildung hat, genauso
möglich wie für einen König. Sie ist nicht von Voraussetzungen abhängig.
Selbsterkenntnis ist nicht nur jenen vorbehalten, die Jahre spiritueller
Praxis absolviert haben; sie steht auch demjenigen offen, der die ganze Zeit
getrunken und geraucht hat.«
David Bingham, Conscious TV

Wie wird Ihr Leben sein?

»Ich spreche über etwas, das noch kaum jemand erlebt hat. Wie kann
ich es beschreiben? Keine Grenzen, für nichts und in keine Richtung.
Die Fähigkeit, alles zu tun, wenn man bloß daran denkt. Doch es ist mehr

als das. Stellen Sie sich die größte Freude vor, die Sie fühlen können, und multiplizieren Sie das mit hundert ...«
Lester Levenson, aus: No Attachments No Aversions

Wenn Sie ganz erkennen, wer Sie sind, werden Sie ein Leben ohne Probleme, ohne Verstimmung, Verletzung, Sorge oder Angst haben. Sie werden frei von der Angst vor dem Tode sein und nie wieder von Ihrem Denken beherrscht oder gequält werden. Falsche Ideen und Überzeugungen werden sich auflösen. An ihre Stelle werden Klarheit, Glück, Freude, Frieden, unendlicher Spaß und Erstaunen treten – jeder Augenblick ein Vergnügen. Sie werden wissen, dass Sie in Sicherheit sind, ganz gleich, was geschieht.

»Und wenn wir dies erkennen … hält das ultimative Glück dauerhaft und für immer Einzug. Und mit ihm kommen Unsterblichkeit, Unbegrenztheit, unerschütterlicher Frieden, völlige Freiheit und alles andere, was jeder sucht.«
Lester Levenson, aus: Happiness Is Free, *Volumes 1–5*

Wenn Sie vollständig erkennen, wer Sie sind, wird das Leben mühelos; alles, was Sie brauchen, erscheint vor Ihnen, ohne dass es irgendeiner Anstrengung Ihrerseits bedarf. Eine Leichtigkeit erfasst Ihr Leben, und Ihr Leben kommt in Fluss. Ein Leben des Mangels und der Begrenzung ist für immer vorbei. Sie lernen die äußerste Macht kennen, die Sie über alles auf der Welt haben.

Wenn Sie vollständig erkennen, wer Sie sind, werden Leiden und Kampf vorüber sein, und Angst und negative Emotionen werden sich auflösen. Ihr Geist wird zur Ruhe kommen. Sie werden erfüllt sein von Freude, Positivität, Erfüllung, von einer Lebensfülle und einem unerschütterlichen Frieden. Dies wird Ihr Leben sein.

Jan Frazier, Mutter und Literaturlehrerin, schreibt:

»Stelle dir vor: Alles, was dich bisher belastet hat, wiegt plötzlich nicht mehr. Es mag wohl immer noch da sein, eine Tatsache in deinem Leben, aber es hat keine Masse, keine Schwere mehr. Alles, was dich jemals beunruhigt hat, ist jetzt nur noch ein Teil der Landschaft, wie ein Baum oder eine vorüberziehende Wolke. Jegliche emotionale und mentale Turbulenzen haben aufgehört – die ganze Last, die dich zum Teil schon so lange du dich erinnern kannst begleitet. Etwas, das dir so vertraut ist wie dein bester Freund – und so sehr ein Teil von dir ist wie deine Sprache oder deine Hautfarbe –, ist vollkommen und auf unerklärliche Weise verschwunden. In die plötzlich entstandene Leere fließt eine ruhige Freude ein, die dir morgens, mittags und abends Auftrieb gibt, die überall hinkommt, wohin du gehst, in jede Umgebung und Situation, sogar in den Schlaf. Alles, was du unternimmst, geschieht mühelos. Du bist glücklich, aber ohne bestimmten Grund. Nichts stört dich. Du fühlst keinen Stress. Wenn ein Problem aufkommt, weißt du, was zu tun ist; du tust es und dann lässt du es los. Menschen, die dich gewöhnlich zum Wahnsinn getrieben haben, tun dies nicht mehr. Du empfindest Mitgefühl angesichts des Leidens anderer, doch du selbst leidest nicht. Tätigkeiten, die früher langweilig waren, machen jetzt Spaß. Du brauchst keine Therapie; du fühlst dich weder gelangweilt noch ängstlich oder launisch. Außer wenn er zu einer Aufgabe aufgerufen wird, ruht dein Geist. Dein Leben ist vollkommen erfüllt – ohne dass du irgendetwas tun musst, um es zu erfüllen … du weißt: Ganz gleich, vor welche Herausforderung du gestellt wirst, wird der Frieden für den Rest deines Lebens erhalten bleiben. Nie wieder wirst du dich fürchten, verzweifelt oder einsam sein. Was auch immer auf dich zukommt – diese grundlose Freude wird anhalten. Stelle dir das vor.«
Jan Frazier, aus: When Fear Falls Away

Dies ist Ihr Leben mit *dem größten Geheimnis*. Dies ist Ihre Bestimmung.

KAPITEL 1 Zusammenfassung

- *Ob uns dies klar ist oder nicht, haben wir jeden Tag unseres Lebens unermüdlich nach* Dem größten Geheimnis *gesucht.*
- *Dieses große Geheimnis liegt vor unseren Augen, aber wir haben es übersehen.*
- *Wir haben die Wahrheit seit Tausenden von Jahren übersehen, weil wir von unseren Problemen, dem Drama in unserem Leben, dem Kommen und Gehen der Ereignisse in der Welt abgelenkt sind.*
- *Wir haben im Laufe unseres Lebens viele falsche Vorstellungen und Überzeugungen angenommen, und sie haben uns versklavt.*
- *Wann immer wir leiden, liegt es daran, dass wir unsere eigene Identität falsch verstanden haben.*
- *Die Menschheit leidet unter einem falschen Verständnis unserer wahren Natur.*
- *Es entspricht bestimmt Ihrem Erleben, eine Person zu sein, aber aus einer weiteren Perspektive trifft dies nicht zu. Sie sollten die ganze Zeit glücklich sein. Glück ist Ihre wahre Natur.*
- *Die Entdeckung, wer Sie wirklich sind, wurde mit vielen verschiedenen Begriffen bezeichnet: Erleuchtung, Selbsterkenntnis, Selbstentdeckung, Erinnern.*

- *Öffnen Sie sich der Möglichkeit, genau in diesem Augenblick die Wahrheit darüber zu erfahren, was Sie sind.*

- *Wenn Sie ganz erkennen, wer Sie sind, werden Sie ein Leben ohne Probleme, ohne Verstimmung, Verletzung, Sorge oder Angst haben und von Freude, Positivität, Erfüllung, Lebensreichtum und Frieden erfüllt sein.*

KAPITEL 2

DAS GRÖSSTE GEHEIMNIS: OFFENBART

»So nah, dass du es nicht sehen kannst. So subtil, dass dein Verstand es nicht begreifen kann. So einfach, dass du es nicht glauben kannst. So gut, dass du es nicht akzeptieren kannst.«

Loch Kelly in Reise ins Erwachen *über die Shangpa-Kagyü-Schule des tibetischen Buddhismus*

Warum haben nur so wenige die Wahrheit entdeckt? Warum haben die meisten von uns nicht erkannt, wer wir sind? Wie können Milliarden von Menschen etwas übersehen haben, das für unser Glück so lebenswichtig ist?

Wegen eines kleinen Hindernisses haben wir versäumt, *das größte Geheimnis* zu entdecken: wegen eines Glaubens! Nur eine einzige Annahme hat uns daran gehindert, die größtmögliche Entdeckung zu machen. Die Annahme nämlich, dass wir unser Körper und unser Geist seien.

Sie sind nicht Ihr Körper

»Wir sind in diese Welt gekommen, um ein Körper zu sein – um zu lernen, dass wir kein Körper sind.«

Lester Levenson, aus: Happiness Is Free, *Volumes 1–5*

So wie Sie mit einem Auto von einem Ort zum anderen gelangen, ist Ihr Körper ein Fahrzeug, das Sie benutzen, um sich fortzubewegen und die Welt zu erleben.

»Wenn Sie ein Auto haben, behaupten Sie nicht, das Auto zu sein. Warum sagen Sie dann, wenn Sie einen Körper haben, dass Sie der Körper sind?«
Lester Levenson, aus: Happiness Is Free, *Volumes 1–5*

Da Ihr Körper materiell ist, ist er nicht bewusst. Er weiß nicht, dass er ein Körper ist, aber »Sie« wissen, dass es ein Körper ist. Ihr Zeh weiß nicht, dass er ein Zeh ist, Ihr Handgelenk weiß nicht, dass es ein Handgelenk ist, Ihr Kopf weiß nicht, dass er ein Kopf ist, und Ihr Gehirn ahnt nicht, dass es ein Gehirn ist, aber »Sie« kennen jeden Teil Ihres Körpers. Wie könnten Sie der Körper sein, wenn Sie alle verschiedenen Teile kennen und doch keines von ihnen Sie kennt?

Bohrende Fragen wie diese ermöglichten es den Großen der Vergangenheit, das Geheimnis aufzudecken, wer wir wirklich sind.

»Die schlimmste Gewohnheit, die wir uns im Laufe der Jahrtausende zugelegt haben, ist zu glauben, dass wir unser Körper seien.«
Lester Levenson, aus: Happiness Is Free, *Volumes 1–5*

»Wir haben vergessen, was wir sind, und haben uns selbst mit Objekten identifiziert. Ich bin dieser Körper, deshalb werde ich sterben.«
Francis Lucille

»Sie befürchten, wenn der Körper nicht ist, sind Sie es auch nicht.«
Lester Levenson

Der Glaube, nur sein Körper zu sein, erzeugt die größte Angst des Menschen, die Angst vor dem Tod: Wenn Ihr Körper stirbt, so fürchten Sie, werden auch Sie nicht mehr existieren. Es ist, als hinge eine dunkle Wolke über Ihrem Leben.

»Wenn Sie Unsterblichkeit wollen – hören Sie auf,
am Körper festzuhalten.«
Lester Levenson, aus: Happiness Is Free, *Volumes 1–5*

Es ist eine gute Nachricht, dass Sie nicht Ihr Körper sind, denn dieser Körper wird eines Tages ein Ende haben, wie alle materiellen Dinge. Die Welt besteht ganz aus materiellen Dingen, und keines dieser Dinge hat ewig Bestand, auch nicht Ihr Körper, der durch die Vorgänge Geburt und Tod erscheint und verschwindet. Was Sie aber *wirklich* sind, stirbt nie!

»Was du wirklich bist, kann nicht sterben. Der Körper wird sterben, aber der Körper ist nicht das, was du bist.«
Mooji

»Wir haben den freien Willen, uns mit dem Körper zu identifizieren oder mit dem, der wir wirklich sind. Körper ist gleich Schmerz, und was du bist, ist gleich unendliche Freude.«
Lester Levenson, aus: Happiness Is Free, *Volumes 1–5*

Ihr Weg aus allen Schwierigkeiten beginnt damit, dass Sie den Glauben loslassen, Sie seien Ihr Körper.

Sie sind nicht Ihr Geist

Die Stimme in Ihrem Kopf ist nicht Sie, doch Sie haben wahrscheinlich den größten Teil Ihres Lebens geglaubt, dass sie es sei. Zwar klingt die Stimme in Ihrem Kopf wie Sie, scheint viel über Sie zu wissen und ist Ihnen sehr vertraut geworden, doch sie ist definitiv *nicht* Sie. Diese Stimme in Ihrem Kopf ist Ihr Geist, und Sie sind nicht Ihr Geist.

»Der Geist ist eine Sammlung von Gedanken, die ständig erscheinen und verschwinden.«
Peter Lawry

»Wenn es keine Gedanken gibt, dann gibt es keinen Geist. Der Geist ist nur Gedanke.«
Lester Levenson, aus: Happiness Is Free, *Volumes 1–5*

Prüfen Sie es selbst. Wo ist Ihr Geist, wenn es keinen Gedanken gibt? Dann ist Ihr Geist nicht da.

»Es ist nichts darin als Gedanken und Gefühle, Erinnerungen und Empfindungen – aber sind Sie ein Gedanke? Sind Sie ein Gefühl?«
Rupert Spira in einem öffentlichen Vortrag

Wenn Sie ein Gedanke wären – sagen wir: ein frustrierter Gedanke –, würden Sie verschwinden, sobald der frustrierte Gedanke verschwindet. Sie sind kein Gedanke, keine Empfindung und kein Gefühl, denn sowie diese aufhörten, würden auch Sie enden. Aber Sie sind immer noch hier, nachdem jene nicht mehr sind. Sie sind hier bereits vor einem Gedanken, Sie sind hier bereits vor einem Gefühl oder einer Empfindung, und Sie bleiben vollkommen intakt, nachdem jene vergangen sind. Das ist recht offensichtlich, wenn man es genauer betrachtet. Gewiss erleben wir Gedanken, Gefühle und Empfindungen, aber wir sind keines von ihnen.

In mancher Hinsicht ist es leicht zu verstehen, wie wir übersehen konnten, wer wir wirklich sind, denn Körper und Geist sind eine sehr überzeugende Kombination. Unser Geist liefert uns einen unaufhörlichen Strom von Gedanken, von denen die meisten das Wort »ich« enthalten, als wäre der Geist wir. Und Sie werden vielleicht überrascht sein zu erfahren, dass alle unsere körperlichen Empfindungen ebenfalls vom Geist herkommen – was unseren Glauben bestärkt, wir seien unser Körper.

»Wie andere dich sehen, trägt zu deinem Selbstempfinden bei. Wenn Dinge passieren, scheinen sie ›dir‹ zu passieren, oder du führst sie herbei … Du kümmerst sich um das, was geschieht, weil es eine Wirkung auf dich hat. Du ›hältst‹ dich mit dem Wunsch, dich selbst in Sicherheit und in einem guten Licht zu wissen. Du scheinst gewiss real zu sein.«
Jan Frazier, aus: The Great Sweetening. Life After Thought

Es geht nicht darum, dass Sie keinen Körper und keinen Geist haben, es ist nur so, dass diese nicht Ihr *eigentliches* Ich sind. Genau wie Ihr Auto sind es einfach fein abgestimmte Instrumente, mit deren Hilfe Sie die materielle Welt erleben.

»Dass du dich mit Körper und Geist identifizierst, ist das Einzige, was verdeckt, wer du wirklich bist. Es ist diese falsche Identifikation, die dein wahres Selbst verschleiert.«
Mooji

Sind Sie wirklich die Person, für die Sie sich halten?

»Betrachtet man all die Anstrengungen, die unternommen werden, um das Ego zu stärken – die Betonung auf Selbstwertgefühl, Ansehen, Leistung, körperliche Erscheinung, materieller Erwerb –, ist es ein Wunder, dass es überhaupt jemals zu einem Erwachen kommt.«
Jan Frazier, aus: The Freedom of Being

Das Ego, das vorgestellte Selbst, das vorgetäuschte Selbst, das separate Selbst und das psychologische Selbst sind einige der Begriffe, mit denen Lehrer und Weise unsere vermeintliche Identität bedacht haben. Alle diese Beschreibungen beziehen sich auf einen Körper und einen Geist, die zusammen das bilden, was wir eine Person nennen. Wenn wir von uns selbst sprechen, meinen die meisten von uns diese Person, die wir zu sein glauben.

»Eine Person ist das, was du erlebst, sie ist nicht das, was du bist.«
Mooji

»So etwas wie eine Person gibt es nicht. Wenn du sagst: ›Ich bin eine Person‹, dann musst du sagen, welche – es war einmal ein Baby, ein Teenager, ein Kleinkind … und dann wird dieser ganze Prozess bald vorbei sein.«
Deepak Chopra™, M. D.

Ihre Persönlichkeit verändert sich ständig. Wenn Ihre Persönlichkeit also Sie ist, welche Person sind Sie dann? Sind Sie die verärgerte Person, die liebende Person, die frustrierte Person, die gereizte Person oder die freundliche Person? Wahrscheinlich denken Sie, alle diese Personen zu sein, aber Sie können nicht alle diese Personen sein, sonst würde die wütende Person niemals verschwinden, sondern wäre immer da. Angenommen die frustrierte Person wäre wirklich Sie, dann würde ein bisschen von Ihnen verschwinden, sobald die frustrierte Person verschwunden wäre. Aber das geschieht doch nicht, oder? Sie sind schon da, bevor die verärgerte Person erscheint, und Sie sind noch da, nachdem die verärgerte Person verschwunden ist. Sie sind da, bevor die frustrierte Person erscheint, und Sie sind da, nachdem sie verschwunden ist. Offensichtlich sind Sie nicht die wechselnden Stimmungen Ihrer Persönlichkeit.

»Persönlichkeit ist ein nützliches Werkzeug, aber sie kann nicht definieren, wer du bist. Wer du bist, liegt weit jenseits dessen, für den du dich hältst.«
Jac O'Keeffe

»Das größte Hindernis, um die Wahrheit darüber zu entdecken, wer wir im Grunde sind, ist der Glaube, ich sei eine Ansammlung von Gedanken, Erinnerungen, Gefühlen und Empfindungen. Zusammen bilden diese ein illusorisches Selbst oder Wesen. Der Glaube, dass ich diese Entität sei, ist

das einzige Hindernis. Alle unsere psychischen Probleme ergeben sich aus diesem imaginären Selbst. Es läuft immer darauf hinaus, dass wir uns selbst mit ihm verwechseln.«
Rupert Spira in einem öffentlichen Vortrag

»Die Person scheint nur aufgrund des hartnäckigen und unbestrittenen Glaubens zu existieren, dass es eine tatsächliche ›Person‹ gebe. Aber ohne den Glauben an die Person oder das Ego können diese nicht existieren. Es ist nur eine Vorstellung. In Wahrheit gibt es überhaupt keine Person. Der einzige Bewohner dieses Körper-Hauses ist das reine Selbst; es ist, was du bist. Der ganze Rest ist ausgedacht. Es gibt nicht zwei Mieter in diesem Körper, es hat immer nur einen gegeben. Der Glaube an das Ego vermittelt ein Gefühl von Wirklichkeit, aber das ist keine Tatsache, nur eine Fiktion.«
Mooji

Was ist problematisch an dem Glauben, wir seien ein Ego oder eine Person?

Wir fühlen uns klein und äußerst verletzlich. Wir fürchten, dass uns schlimme Dinge zustoßen. Wir fürchten uns vor Krankheit, dem Altern und dem Sterben. Wir fürchten uns, Dinge zu verlieren, die wir haben, und nicht die Dinge zu bekommen, die wir wollen. Wir leben in einem Zustand des Mangels und glauben, es gebe »nicht genug« – nicht genug Geld, nicht genug Zeit, nicht genug Energie, nicht genug Liebe, Gesundheit, Glück und nicht genug Leben. Und was noch schlimmer ist: Wir glauben, *wir selbst* seien nicht genug. Nichts davon ist wahr – tatsächlich ist es das Gegenteil von wahr –, aber wir können niemals wirklich dauerhaft glücklich sein, solange wir an dem Glauben festhalten, wir seien nur eine Person.

»Die Tragödie und Komödie der menschlichen Verfassung besteht darin, dass wir den größten Teil unseres Lebens damit verbringen, im Namen eines illusorischen Selbsts zu denken, zu fühlen, zu handeln, wahrzunehmen und in Beziehung zu treten.«
Rupert Spira, aus: The Ashes of Love

»Das Ego ist nicht, wer du bist. Aber es macht so viel Radau, dass du nicht hören kannst, wer du wirklich bist. Wenn du es weitermachen lässt, wenn du das Ego fütterst und tränkst, ist das Wahnsinn.«
Jan Frazier, aus Opening the Door

»Ich denke, jeder leidet unter ›Persönlichkeits‹-Vergiftung … man lebt sein Leben zu persönlich, man nimmt das Leben zu persönlich wahr, man nimmt die Dinge zu persönlich. Wenn man auf das Leben auf persönliche Weise anspricht, ist das eine Form von Blindheit. Man sieht die Dinge nicht im rechten Licht.«
Mooji

Sie erleben bestimmt einen Körper, Sie erleben einen Geist und Sie erleben sich selbst als eine Person, aber dies sind in Wirklichkeit die geringsten Teile von Ihnen, und letztlich sind sie nicht Sie, denn auch wenn diese aufhören – *Sie* tun es nicht.

»In ›jemand‹ ist niemand.«
Shakti Caterina Maggi

Aber es gibt ein *echtes* Ich.

»Warum ist es so schwierig, das Ego zu durchschauen, es loszulassen – aufzuhören, an die Festigkeit dieses kleinen Burschen zu glauben? Warum halten wir an diesem scheinbar realen Selbst fest, wenn darunter und darüber und mitten hindurch diese herrliche andere Realität ist, die wirklich real ist, auf die man sich verlassen kann zur Stärkung und für vollkommenen Frieden? Warum sollten wir uns dies verweigern zu Gunsten von etwas, das im Vergleich so armselig ist – etwas, das so viel Ärger verursacht, ja sogar Schmerz?«
Jan Frazier, aus: Opening the Door

Große Heuchler

Ihre Gedanken, Gefühle, Empfindungen und Überzeugungen arbeiten nahtlos zusammen, um Sie davon zu überzeugen, dass Sie eine Person sind. Wir sind alle große Heuchler. Wir tun so, als wären wir sehr klein. Wir tun so, als wären wir sehr begrenzt. Wir tun so, als wären wir eine kleine, begrenzte Person, die geboren wird, eine Zeit lang lebt, stirbt, und damit sei es zu Ende. Aber nichts könnte weiter von der Wahrheit entfernt sein!

»Wir sind selbstbesessen von einem imaginären Charakter,
der gar nicht existiert.«
Shakti Caterina Maggi

Wir könnten sagen, dass dieser imaginäre Charakter genau wie eine Figur im Film ist. Wir wissen, dass der Schauspieler, der die Rolle spielt, existiert – aber weiß die Figur im Film, dass der Schauspieler existiert? Nein, die Figur im Film ist imaginär.

Mit jedem Gedanken festigen wir unseren Glauben, eine Person zu sein. Wenn Sie irgendeinen Ihrer Gedanken betrachten, werden Sie feststellen, dass im Mittelpunkt jedes Gedankens ein »Ich« steht. Diese Gedanken, die sich um das »Ich« drehen, das Sie zu sein glauben, bestätigen immer wieder neu, dass Sie eine kleine, begrenzte Person seien.

Wenn Sie glauben, die Stimme in Ihrem Kopf sei, wer Sie sind, glauben Sie automatisch alles, was sie sagt. Sie glauben alle Gedanken, die Ihr Geist hervorbringt – Gedanken wie:

»Ich werde alt.«
»Ich bin zu müde.«
»Ich bin nicht gut genug.«
»Ich kann es nicht tun.«
»Ich habe nicht genug Zeit.«
»Ich bin nicht mehr so gesund wie früher.«
»Ich habe nicht genug Geld.«
»Ich bin nicht schlau genug.«
»Meine Augen sind nicht mehr so gut wie früher.«
»Ich fühle mich nicht geliebt.«
»Er oder sie findet mich nicht gut.«
»Ich habe es nicht verdient.«
»Ich habe Angst vor dem Sterben.«
»Ich weiß nicht, was ich tun soll.«

All diese Gedanken sind Einschränkungen, die Ihnen von Ihrem Geist auferlegt werden. Wer Sie wirklich sind, ist *un*begrenzt, was bedeutet, dass es absolut nichts gibt, das Macht über Sie hat!

Meine Lehrerin sagt, dass wir durch ständig wiederholte begrenzende Gedanken (wie die gerade aufgelisteten) das Klein-Sein praktizieren, und wenn wir nicht übten, eine kleine, begrenzte Person zu sein, würden wir die Wahrheit dessen sehen, wer wir wirklich sind.

Alles an einer »Person« ist genau das Gegenteil von dem, wer Sie wirklich sind. Die Person ist unvollkommen. Das wahre Ich ist perfekt. Die Person ist vergänglich und begrenzt. Das wahre Ich ist dauerhaft und unbegrenzt. Die Person wird geboren und stirbt. Das wahre Ich wird nie geboren und stirbt nie. Die Person ist persönlich und unbeständig. Das wahre Ich ist unpersönlich und immer stabil. Die Person hat wechselnde Stimmungen. Das wahre Ich ist ständiges Glück und Frieden. Die Person ist voller Urteile und Meinungen. Das wahre Ich erlaubt und akzeptiert alles. Die Person wird krank und alt. Das wahre Ich ist der Alterung nicht unterworfen, und Krankheit kann es niemals berühren. Die Person leidet. Das wahre Ich ist frei von allem Schmerz und Leiden. Die Person stirbt. Das wahre Ich existiert für alle Ewigkeit.

Tausche Unglück gegen Wahrheit

Es gibt nur einen Weg, ein glückseliges Leben in dauerhaftem Glück zu führen, nämlich seine wahre Natur zu erkennen. Es gibt nur einen Ausweg aus einem Leben, das von Problemen, Negativität und Zwietracht geplagt ist, nämlich die Wahrheit darüber zu erkennen, wer Sie wirklich sind.

»Das wahre Ich ist unendlich großartig und herrlich, ganz,
perfekt und in vollkommenem Frieden, und du machst dich selbst
blind dafür, indem du annimmst, du seist ein begrenztes Ego.
Lass die Scheuklappen, lass das Ego fallen und sei für immer in
vollkommenem Frieden und Freude. Wenn du dich selbst gefunden
hast, wirst du alles haben.«

Lester Levenson, aus: Happiness Is Free, *Volumes 1–5*

»Im Leben geht es nicht darum, viele kleine Probleme zu lösen, denn sie
werden nie aufhören. Das Leben weist uns auf das eine Wesentliche hin,
das übersehen wurde – unser eigenes wahres und unveränderliches Selbst.

Die Menschheit als Ganzes lebt größtenteils mit der irrigen *Vorstellung*, dass wir im Grunde eine Person mit einem Körper seien, im Gegensatz zu unserem wahren Selbst.«
Mooji

»Es mag etwas Tragisches in unserer Lebensgeschichte liegen, aber in Wahrheit stößt uns nichts Tragisches zu. Letztlich dient die Geschichte nur dazu, uns diese Unterscheidung zu lehren. In dem Augenblick, in dem wir die Lektion annehmen, verändert sich sogar die Geschichte und offenbart sich in Schönheit, Liebe und Intelligenz. Hänge nicht fest an der Vorstellung, Elend sei unvermeidlich. Solange wir an dieser Vorstellung festhalten, wird es Elend geben.«
Francis Lucille

»Bei dem biblischen Gleichnis ist derjenige, der sich mit Körper/Geist identifiziert, wie der Mann, der sein Haus auf Sand gebaut hat. Seine wahre Natur zu erkennen heißt, sein Haus auf Felsen zu bauen.«
David Bingham

Es bedarf keiner Suche, um die Wahrheit zu finden, denn die Wahrheit ist, was Sie bereits sind. Wie könnten Sie nach sich selbst suchen? Es ist nur so, dass die Mehrheit von uns ständig von ihrem wahren Selbst weggeschaut hat, anstatt zu betrachten, wer wir sind.

Haben Sie sich jemals eines dieser Bilder angesehen, bei dem dieselbe Darstellung zwei Bilder enthält? Wenn Sie ein solches Bild zum ersten Mal betrachten, können Sie die eine Darstellung klar erkennen, doch zunächst das zweite Bild im Bild nicht sehen. Sie versuchen es zwar, aber das zweite Bild scheint sich Ihrem Blick zu entziehen, da Sie sich auf das erste Bild konzentrieren.

Sie müssen Ihren Blickwinkel wechseln und Ihren Blick *ein klein wenig* weicher machen, und schon wird das andere Bild sichtbar.

In Edgar Rubins berühmtem Vasen-Bild sehen Sie entweder zuerst zwei Personen, die einander anblicken, oder Sie sehen zuerst eine Vase. Um beide Bilder klar zu sehen, müssen Sie die Art und Weise ändern, wie Sie das Bild betrachten.

Die meiste Zeit unseres Lebens haben wir uns aus der Perspektive betrachtet, dass wir Körper und Geist, dass wir eine Person seien. Um aber klar zu sehen, wer wir sind, müssen wir, genau wie beim Bild der Rubinschen Vase, unsere Perspektive ändern – nur ein klein wenig.

Die Enthüllung

Lassen Sie mich Ihnen eine einfache Frage stellen.

Sind Sie gewahr?

Ihre Antwort muss »Ja« lauten, sonst würden Sie die Frage, die ich Ihnen gerade gestellt habe, nicht wahrnehmen. Lassen Sie mich noch einmal fragen.

Sind Sie gewahr?

Ja, Sie sind gewahr. Sie waren sich als Baby, während Ihrer Kindheit, Ihrer Teenagerjahre und während des ganzen Erwachsenenalters gewahr. Sie waren Ihr ganzes Leben gewahr.

Gewahrsein ist und war die einzige Konstante in Ihrem Leben. Ihr Körper verändert sich ständig, Ihr Geist ändert sich ständig, Gedanken, Gefühle und Empfindungen ändern sich ständig, aber das Einzige, was sich nie geändert hat, ist Ihr Gewahrsein all dieser Dinge.

Und dieses Gewahrsein *ist, wer Sie wirklich sind.*

Sie sind Gewahrsein.

»Das bist du. Es ist so nah, dass du es nicht sehen kannst. Durch seine Augen blickst du auf die Welt, die dich umgibt.«
Jan Frazier, aus: The Freedom of Being

»Wenn wir ›ich‹ sagen, glauben wir aufgrund unserer Konditionierung, dass wir den Körper meinen, während sich ›ich‹ in Wirklichkeit auf Gewahrsein bezieht.«
David Bingham

Sie sind kein Körper, kein Geist oder ein Bündel von Gedanken, Gefühlen, Erinnerungen oder Empfindungen. Sie sind derjenige, der sich Ihres Körpers, Ihres Geistes, Ihrer Gedanken, Gefühle, Erinnerungen und Empfindungen gewahr ist. Sie sind Gewahrsein.

»In dem Moment, in dem du dem Gewahrsein begegnest, erkennst du es im Inneren.«
Mooji

Sie sind sich gewahr, dass Sie dieses Buch lesen. Sie sind sich der Geräusche in Ihrer Umgebung gewahr. Sie sind sich des Raumes gewahr, in dem Sie sich befinden. Sie sind sich Ihres Namens gewahr. Sie sind sich Ihres Körpers und seiner Bekleidung, Ihrer Atmung und Ihrer körperlichen Empfindungen gewahr. Sie sind sich Ihres Gaumens, Ihrer Fußsohlen und Ihrer Finger gewahr. Sie sind sich Ihres Geistes, der Gedanken in Ihrem Kopf und Ihrer Gefühle und Stimmungen gewahr.

Tatsächlich könnten Sie ohne Gewahrsein überhaupt nichts vom Leben wissen oder erleben.

Sie sind Gewahrsein, das sich aller Dinge gewahr ist

Gewahrsein ist das, was sich jeder Einzelheit gewahr ist, die Sie im Leben erleben. Es ist nicht der Geist oder der Körper, der sich Ihres Lebens gewahr ist. Sie – das Gewahrsein, das Sie sind – sind sich des Geistes, der Gedanken und des Körpers gewahr und alles, dessen Sie sich gewahr sind, kann nicht Sie sein.

Der Lehrer Sailor Bob Adamson weist darauf hin, dass wir wissen, dass wir existieren; daran haben wir keinen Zweifel. Der einzige Weg zu dem Wissen, dass wir existieren, ist unser Gewahrsein, dass wir existieren. Wir machen den Fehler zu glauben, dass unser Gewahrsein, dass wir existieren, vom Geist oder vom Körper komme, doch dies ist nicht wahr. Unser Gewahrsein, dass wir existieren, ist das, was wir wirklich sind, und nicht der Geist oder der Körper.

Stellen Sie sich für einen Moment vor, Sie hätten weder Körper noch Geist.

Nehmen Sie Ihren Körper weg.

Nehmen Sie Ihren Geist weg.

Nehmen Sie Ihren Namen weg.

Nehmen Sie Ihre Lebensgeschichte weg, das heißt Ihre ganze Vergangenheit.

Nehmen Sie alle Erinnerungen, Überzeugungen und Gedanken weg.

Stellen Sie fest, was noch übrig ist.

Was übrig bleibt, ist einfach Gewahrsein.

»Würde jemand deine Aufmerksamkeit auf das weiße Papier lenken,
auf dem diese Worte stehen, würdest du es plötzlich wahrnehmen.
Tatsächlich warst du dir des Papiers immer gewahr, aber du warst
dir dessen nicht bewusst, weil du deine Aufmerksamkeit ausschließlich
auf die Worte gerichtet hast. Gewahrsein ist wie das weiße Papier.«
Rupert Spira, aus: Bewusstsein bewusst sein

Genau wie das weiße Papier ist das Gewahrsein im Hintergrund unseres Lebens immer präsent. Normalerweise widmen wir unsere Aufmerksamkeit ausschließlich unserem Geist und unseren Gedanken sowie unserem Körper und unseren Empfindungen, weil sie sehr aufmerksamkeitshungrig sind. Aber wir könnten den Geist und seine Gedanken oder den Körper und seine Empfindungen nicht erleben ohne das Gewahrsein, ihrer gewahr zu sein, so wie wir keine Wörter sehen könnten, wäre da nicht der Hintergrund des Papiers, auf das sie gedruckt wurden.

»Schenke diesem Hintergrund deine Aufmerksamkeit, und sei es nur ein wenig, und du wirst eine ganze neue Welt entdecken.«
Hale Dwoskin

»Gewahrsein ist das offensichtlichste Element des Erlebens und wird doch am meisten übersehen.«
Rupert Spira, aus: Bewusstsein bewusst sein

»Das Subtile, was übersehen wird, ist aber, dass alles durch das Gewahrsein zur Kenntnis gelangt. Dabei wird allgemein angenommen, dass alles durch den Verstand hereinkomme. So ist es zum Beispiel üblich zu sagen: ›Ich denke‹, während es tatsächlich, wie man bei sorgfältiger Betrachtung bemerkt, ein Gewahrsein des Denkens gibt … Das Denken ist also nicht, wer du bist; es gibt etwas, das sich des Denkens gewahr ist.«
David Bingham, Conscious TV

Was durch Ihre Augen schaut, ist das Gewahrsein! Was durch Ihre Ohren hört, ist Gewahrsein! Ohne Gewahrsein würden Sie nichts von dem wahrnehmen, was Sie sehen, hören, schmecken, riechen oder berühren, und Sie würden nichts von den Informationen und Eindrücken erleben, die durch Ihre Sinne hereinkommen. Ihre Sinne sind nicht gewahr; es ist das Gewahrsein, das alle Ihre Sinne wahrnimmt.

»Der Apparat, mit dem wir sehen, ist an sich träge und unfähig zu sehen. Ein Teleskop ist ohne einen Astronomen dahinter nutzlos. Es sieht selbst nichts. Ebenso sieht der Apparat des Geistes selbst nichts.«
Francis Lucille, aus: The Perfume of Silence

»Du bist das Gewahrsein, das aller Dinge gewahr ist.«
David Bingham

»Dieses individuelle Bewusstsein – unser Empfinden ›Ich bin eine Person, ein separates Individuum, ein Geist oder eine Seele, eingeschlossen innerhalb der Grenzen eines Körpers‹ – ist nur eine Vorstellung, eine falsche und verzerrte Form unseres reinen Bewusstseins des ›Ich bin‹, aber es ist dennoch die Grundursache allen Verlangens und allen Elends.«
Michael James, aus: Happiness and the Art of Being

»Das ›Ich‹, das wir uns vorstellen, ist nur ein Gedanke.«
Kalyani Lawry

»Unsere wahre Natur, das unendliche wahre Selbst, das wir sind, ist einfach wir ohne den Verstand.«
Lester Levenson, aus: Happiness Is Free, *Volumes 1–5*

Unser Verstand verzerrt die Welt, die wir sehen, indem er Schleier aus Gedanken und Meinungen übereinanderlegt. Jeder mentale Schleier verzerrt die Welt weiter und hindert uns daran, alles so zu sehen, wie es wirklich ist.

»Der Verstand wird niemals entdecken, wer Sie sind, weil der Verstand die Vertuschung dessen ist, wer Sie sind. Erst wenn Sie den Verstand loslassen, werden Sie entdecken, wer Sie sind.«
Lester Levenson, aus: Happiness Is Free, *Volumes 1–5*

Der Versuch, die Wahrheit mit dem Verstand zu sehen, ist wie der Versuch, etwas mit verbundenen Augen zu sehen. So wie Sie die Augenbinde entfernen müssen, um etwas zu sehen, müssen Sie den Verstand weglassen, um zu sehen, wer Sie wirklich sind.

»Der Versuch, das Bewusstsein mit dem Verstand zu begreifen, gleicht dem Versuch, die Sonne mit einer Kerze zu beleuchten.«
Mooji, aus: White Fire *(Second edition)*

Ohne es überhaupt zu merken, konzentrieren sich die meisten von uns ständig auf das Rauschen der Gedanken, die unserem Geist entspringen. Gewahrsein ist immer vorhanden, aber wenn das Rauschen der Gedanken einmal unterbrochen wird, ist es viel einfacher, es zu bemerken. Wenn die Gedanken aufhören, werden wir bewusst unseres Gewahrseins gewahr; dabei war es die ganze Zeit im Hintergrund still präsent.

Die Vertuschung des Verstandes

»Wir sind es so gewohnt, uns durch unsere Probleme, unsere Dramen und unsere Obsessionen zu kennen, dass wir das wache Gewahrsein, das unsere wahre Natur und unsere grundlegende Güte ist, nur schwer als unsere wahre Identität annehmen können.«
Loch Kelly, aus: Reise ins Erwachen

»Wachgewahrsein« ist der Begriff, mit dem Loch Kelly das Gewahrsein bezeichnet, und es ist nur einer von vielen verschiedenen Namen, die von

Lehrern in Vergangenheit und Gegenwart verwendet worden sind, um zu beschreiben, was Sie sind: Gewahrsein, Wachgewahrsein, Bewusstsein, kosmisches Bewusstsein, Sein, Buddha-Natur, Christusbewusstsein, Gottbewusstsein, Geist, das Selbst, unendliches Sein, unendliche Intelligenz, unbegrenztes Sein, wahre Natur, wahres Selbst, Gegenwart Gottes, Präsenz, Gegenwartsgewahrsein, reines Bewusstsein, reines Gewahrsein und viele andere. Alle diese Begriffe beschreiben genau dasselbe – das Gewahrsein, das Sie sind.

»Wir sind so schlau und unser Leben ist so komplex, dass es kaum zu glauben ist, dass die bloße Entdeckung des Wachgewahrseins die Lösung für unser Leiden sein könnte. Es ist auch schwer zu glauben, dass die wichtigste Entdeckung bereits hier in uns ist. Wir müssen uns nicht auf eine Odyssee begeben, um sie zu finden, zu verdienen oder zu entwickeln.«
Loch Kelly, aus: Reise ins Erwachen

»Der große Witz ist die Einfachheit des Ganzen.«
Peter Lawry

Es ist ein großartiger Witz, denn das, was wir wirklich sind, ist uns näher als unser Atem, und ist dennoch seit Tausenden von Jahren den meisten Menschen entgangen.

Wir haben die einfachste und wunderbarste Entdeckung versäumt, weil unsere Gedanken eine hypnotische Wirkung auf uns haben, die uns im Kopf hält und das Gewahrsein nicht beachtet. Wir richten unsere Aufmerksamkeit gewöhnlich ausschließlich auf die Gedanken in unserem Geist und auf alles, was wir durch unsere Sinne wahrnehmen; dabei entgeht unserer abgelenkten Aufmerksamkeit das, was immer da ist – das Gewahrsein.

»Es ist nichts falsch an dem Körper oder dem Geist. Das einzige Problem ist, dass wir unsere erlebende Präsenz, unser Bewusstsein, mit ihnen

identifizieren. Solange wir diese erlebende Präsenz mit dem Körper und dem Geist identifizieren, gibt es keinen Raum, in dem sich diese Präsenz in all ihrer Herrlichkeit offenbart.«
Francis Lucille, aus: The Perfume of Silence

»Lege für einen Augenblick die Persona ab. Sie ist nur ein Kleidungsstück, abgetragen und durch jahrelange Abnutzung fleckig geworden.«
Pamela Wilson

»Zu glauben, dass unser Selbst – leuchtendes, offenes, leeres Gewahrsein – die Grenzen und das Schicksal von Geist und Körper teile, gleicht dem Glauben, der Bildschirm teile die Grenzen und das Schicksal einer Figur in einem Film.«
Rupert Spira, aus: The Ashes of Love

»Die Leute denken, sie seien Menschenwesen, aber sie sind das unendliche Sein. Sie haben ihre Identität falsch verstanden, aber wer sie wirklich sind, hat sie nie verlassen und ist immer gegenwärtig.«
David Bingham

Ihr Geist tritt nur in Erscheinung, wenn Sie einen Gedanken haben, und er verschwindet, wenn der Gedanke zu Ende ist. Gewahrsein hingegen erscheint und verschwindet nie. Gewahrsein ist immer da, auch wenn Sie schlafen. Es *fühlt sich an,* als würde das Gewahrsein verschwinden, wenn Sie schlafen gehen – und wiederauftauchen, wenn Sie erwachen –, aber trotzdem wissen Sie, ob Sie gut geschlafen haben, denn Sie sagen etwa: »Ich habe wirklich gut geschlafen, ich habe geschlafen wie ein Baby.« Woher wissen Sie, dass Sie wie ein Baby geschlafen haben? Sie wissen es, weil das Gewahrsein die ganze Zeit gewahr und präsent war, während Sie schliefen.

Wenn Sie sich die Frage stellen: »Bin ich gewahr?«, stellen Sie augenblicklich fest, dass Gewahrsein vorhanden ist. Es ist nicht plötzlich aufgetaucht, es war immer da. Sie haben einfach Ihre Aufmerksamkeit vom *Denken* abgezogen und auf das *Gewahrsein* gerichtet, und so wurden Sie sich Ihres Gewahrseins bewusst.

Alles außer dem Gewahrsein geht irgendwann zu Ende oder stirbt. Alle materiellen irdischen Dinge, ohne Ausnahme, kommen und gehen, erscheinen und verschwinden. Jedes einzelne Ding auf der Erde – Körper, Städte, Länder, Meere – erscheint und verschwindet schließlich. Nehmen Sie sich einen Moment Zeit, um darüber nachzudenken, und Sie werden sehen, dass nichts bleibt. Alles ist vorübergehend, sogar der Planet Erde selbst, die Sonne, das Sonnensystem, sogar die Universen. Nichts ist für immer da bis auf eines – Gewahrsein. Sie, Gewahrsein, sind für immer da!

Unser Körper altert, aber wenn Menschen älter werden, empfinden sie sich selbst nicht älter, sondern genauso wie immer. Sie räumen wohl ein, dass sich ihr Körper älter anfühlt, aber das, als was sie sich tief im Inneren empfinden, fühlt sich gar nicht so an, als wäre es gealtert. Ohne es zu merken, spüren sie das zeitlose Gewahrsein, das sie wirklich sind.

»Wenn du dich an deine Vergangenheit erinnerst, an deine Kindheit – wer ist es dann, der sich erinnert? Ich erinnere mich. ›Ich‹ ist das, was das Erlebte kennt, was sich an das Erlebte erinnert.«
Deepak Chopra™, M. D.

Das »Ich«, wie wir uns mit fünf, fünfzehn, dreißig oder sechzig Jahren nennen, ist das zeitlose Gewahrsein, das unser ganzes Leben erlebt hat.

Mit fünf Jahren: »Ich … komme bald in die Schule.«

Mit fünfzehn Jahren: »Ich … kann es kaum erwarten, meinen Abschluss zu machen.«

Mit dreißig Jahren: »Ich … habe mich gerade verlobt.«

Mit sechzig Jahren: »Ich … fühle mich noch nicht alt genug für den Ruhestand.«

»Selbsterkenntnis bedeutet zu sehen, dass die sich wandelnden Erscheinungen auf der Oberfläche des Lebens innerhalb des permanenten, immer stabilen Gewahrseins entstehen, das man wirklich ist und schon immer gewesen ist.«
David Bingham, Conscious TV

»Es ist kein Märchen. Diese Möglichkeit ist so real wie ein Baum, wie Politik, so real wie die Wurzeln, die den Baum in der Erde halten, so real wie die Zeitung und ihre Geschichten. Es ist so real wie die Baseballmannschaft Red Sox, wie der Benzinpreis, wie der Streit mit den Schwiegereltern, wie eine Studiengebühr … In Wahrheit ist es noch realer als diese Dinge, und doch wird es kaum gesehen, kaum gefühlt, geschweige denn ist es unmittelbar bekannt.«
Jan Frazier, aus: Opening the Door

»Keiner von uns ist ohne direkte Verbindung zu oder nicht im Besitz von einem unendlichen Wesen, das ganz vollkommen, ganz gegenwärtig, ganz freudig und ewig ist. Keiner von uns ist ohne direkten Kontakt. Aber aufgrund von falsch Gelerntem, durch das wir im Lauf der Zeiten Vorstellungen von Begrenztheit angenommen und unseren Blick zunehmend nach außen gerichtet haben, haben wir unsere Sicht getrübt. Wir haben dieses unendliche Wesen, das wir sind, mit Vorstellungen verdeckt wie ›Ich bin dieser physische Körper‹ oder ›Ich bin dieser Geist‹ oder ›Mit diesem physischen Körper und Geist habe ich jede Menge Probleme und Schwierigkeiten.‹«
Lester Levenson, aus: Happiness Is Free, *Volumes 1–5*

»Dies ist derselbe Zustand, den die meisten Religionen als ›Befreiung‹ oder ›Erlösung‹ bezeichnen. Denn nur in diesem Zustand wahrer Selbsterkenntnis sind wir frei oder erlöst von den Fesseln, uns selbst als ein separates Individuum misszuverstehen, als ein Bewusstsein, das in den Grenzen eines physischen Körpers gefangen ist.«
Michael James, aus: Happiness and the Art of Being

Bewusstsein oder Gewahrsein wird von manchen Religionen auch als Gegenwart Gottes bezeichnet. Bei einem Transzendenzerlebnis, bei dem man sich von Gott berührt fühlt, fallen der individuelle Geist und das Ego ab, und es offenbart sich Gewahrsein oder die Gegenwart Gottes. Dann herrscht ein Gefühl von reiner Liebe, unendlichem Frieden, Schönheit, Glück und Seligkeit, das man nur als Göttlichkeit empfinden kann.

»In Wirklichkeit sind wir eher das unendliche Sein als das Menschenwesen. Wir sind unendliches Sein, das sich als Mensch erlebt.«
David Bingham

In vielerlei Hinsicht ist die Wahrheit über das Leben und über uns selbst ganz das Gegenteil von dem, was uns gelehrt wurde. Anstatt nach außen in die Welt zu schauen, um Glück, Erfüllung, Antworten und Wahrheit zu finden, müssen wir uns umdrehen und nach innen blicken, denn nur in dieser Richtung finden wir alles, wonach wir suchen. Unsere atemberaubende Welt und alles in ihr sollen wir in vollen Zügen genießen. Aber das Glück, die Freude, die Liebe, der Frieden, die Intelligenz und die Freiheit, die das Gewahrsein ist – Ihre Natur –, sind nur in Ihrem Inneren zu finden.

KAPITEL 2 *Zusammenfassung*

- *Eine einzige Annahme hat uns daran gehindert, die größte aller Entdeckungen zu machen – die Annahme, dass wir unser Körper und unser Geist seien.*

- *Sie sind nicht Ihr Körper; Ihr Körper ist ein Fahrzeug, das Sie benutzen, um die Welt zu erleben. Ihr Körper ist nicht bewusst.*

- *Der Glaube, nur sein Körper zu sein, erzeugt die größte Angst des Menschen, nämlich die Angst vor dem Tod.*

- *Was Sie wirklich sind, stirbt nie.*

- *Sie sind nicht Ihr Geist; Geist ist nur Gedanken. Wenn es keine Gedanken gibt, dann gibt es keinen Geist.*

- *Sie sind kein Gedanke, keine Empfindung und kein Gefühl, denn sowie diese aufhören, würden auch Sie enden.*

- *Ihr Körper und Ihr Geist bilden zusammen das, was wir eine Person nennen – das imaginäre Selbst.*

- *Eine Person ist das, was Sie erleben, sie ist nicht das, was Sie sind.*

- *Wir können niemals wirklich dauerhaft glücklich sein, solange wir an dem Glauben festhalten, wir seien eine Person.*

- *Sie erleben einen Körper, Sie erleben einen Geist und Sie erleben sich selbst als eine Person, aber das sind Sie nicht.*

- *Wir tun so, als wären wir eine kleine, begrenzte Person durch permanente Gedanken der Begrenzheit.*

- *Wer Sie wirklich sind, ist unbegrenzt, was bedeutet, dass es absolut nichts gibt, das Macht über Sie hat!*

- *Sie waren Ihr ganzes Leben gewahr; Gewahrsein ist und war die einzige Konstante in Ihrem Leben.*

- *Dieses Gewahrsein ist, wer Sie wirklich sind. Sie sind Gewahrsein.*

- *Ohne Gewahrsein könnten Sie überhaupt nichts vom Leben wissen oder erleben.*

- *Es ist nicht der Geist oder der Körper, der sich Ihres Lebens gewahr ist. Das Gewahrsein ist sich alles dessen gewahr, was Sie erleben.*

- *Stellen Sie sich vor, Sie hätten weder Körper noch Geist, keinen Namen, keine Lebensgeschichte, keine Vergangenheit, keine Erinnerungen, keine Überzeugungen und keine Gedanken. Was bleibt, ist Gewahrsein.*

- *Wir richten unsere Aufmerksamkeit gewöhnlich ausschließlich auf Gedanken und alles, was wir wahrnehmen, und so entgeht uns das, was immer da ist – Gewahrsein.*

- *Gewahrsein ist da, auch wenn Sie schlafen.*

- *Wenn Sie sich die Frage stellen: »Bin ich mir gewahr?«, stellen Sie augenblicklich fest, dass Gewahrsein vorhanden ist. Es ist nicht plötzlich aufgetaucht, es war immer da.*

- *Alles außer dem Gewahrsein geht irgendwann zu Ende oder stirbt.*

- *Das »Ich«, das wir uns in jedem Alter nennen, ist das zeitlose »Ich« des Gewahrseins, das unser ganzes Leben erlebt hat.*

- *Um glücklich zu sein, müssen wir anstatt nach außen in die Welt zu schauen, uns umdrehen und nach innen schauen, denn nur in dieser Richtung finden wir alles, wonach wir suchen.*

KAPITEL 3

Die Enthüllung geht weiter

Sie *sind* Gewahrsein, Sie sind nicht eine Person, die sich einer Sache gewahr ist. Sie sind unendliches Gewahrsein selbst.

Wie Francis Lucille sagte, ist ein Teleskop nichts weiter als ein Instrument, solange kein Astronom da ist, der hindurchschaut. Ihr Körper und Geist sind ebenfalls Instrumente. Und was ist es, das durch Ihre Augen schaut? Sie, Gewahrsein! Was ist es, das Töne hört? Sie, Gewahrsein! Dank des Gewahrseins ist Ihr Körper lebendig; Gewahrsein ist tatsächlich die Lebenskraft, die Ihren Körper beseelt.

»Der grundlegende Fehler liegt darin zu glauben, dass ein Mensch Gewahrsein erlebe. Das ist nicht richtig. Nur Gewahrsein ist gewahr, deshalb kann nur Gewahrsein Gewahrsein erleben. Wenn ich dich frage: ›Bist du gewahr?‹, wirst du kurz innehalten, um festzustellen, was du erlebst, und dann wirst du antworten: ›Ja.‹ Dieses Ja ist eine Bestätigung, dass dein Gewahrsein sich seiner selbst gewahr ist. Es ist nicht ein Körper oder ein Gehirn, das sich als gewahr erlebt. Der Körper und das Gehirn *werden* erlebt; sie erleben nicht selbst.«
Rupert Spira, aus dem Vortrag: »The Light of Consciousness«

Es gibt nur einen: Unser Name ist »Ich«

»Nur Gewahrsein ist gewahr. Menschen sind nicht gewahr. Hunde und Katzen sind nicht gewahr. Tiere sind nicht gewahr. Nur Gewahrsein ist gewahr. Es gibt nur ein Gewahrsein, so wie es nur einen Weltraum im Universum gibt. Das Gewahrsein bricht sich im Geist eines jeden von uns, und in der Folge scheint der Geist eines jeden von uns sein eigenes Quantum Gewahrsein zu haben, so wie jedes Gebäude seinen eigenen Teil des Raumes zu enthalten scheint. Aber das Gewahrsein, mit dem der Geist eines jeden von uns seines Erlebens gewahr ist, ist das einzige Gewahrsein, das es gibt – unendliches Gewahrsein –, so wie der Raum in allen Gebäuden derselbe Raum ist.«
Rupert Spira, aus dem Vortrag: »Awareness is the Only Aware Entity in Existence«

Dieses unendliche Gewahrsein – dieses eine und einzige Gewahrsein – *sind Sie,* und jede andere Person! Es gibt nur ein Gewahrsein, und es ist dasselbe Gewahrsein, das durch jeden wirkt. Es gibt nur einen von uns. Unser Name ist »Ich«.

»Es gibt nur ein ›Ich‹, und du bist Es, wie jeder Es ist.«
David Bingham

Es ist das eine Gewahrsein, das durch jedes Lebewesen wirkt. Alle physischen Formen sind einfach unterschiedliche Fahrzeuge für das eine herrliche, unendliche Gewahrsein. Das ist die wahre Bedeutung des Satzes »Wir sind eins«.

Bewusstsein und Gewahrsein sind verschiedene Wörter, die dasselbe beschreiben. Beide beschreiben Sie.

»Dieses sehr gewöhnliche Bewusstsein, das diese Worte gerade jetzt vernimmt und versteht, ist auch das göttliche Bewusstsein, das alle Leben lebt. Es gibt keine einzige separate Wesenheit im ganzen Kosmos.«
Francis Lucille, aus: Truth Love Beauty

»Wir sind eins. Es ist nur eins in uns. Es gibt nur eins als uns.«
Mooji, aus: White Fire *(Second Edition)*

Es ist ein wenig wie die Billionen von einzelnen Zellen, die in unserem Körper leben, tätig sind und wirken. Ohne dass eine der individuellen Zellen Kenntnis davon hat, sind sie in Wirklichkeit Teil des einen Menschenwesens. Es gibt Milliarden von Menschen auf der Erde, die als Individuen leben und wirken, die meisten von ihnen wissen nicht, dass sie das eine und einzige unendliche Sein sind.

»Man hat uns gelehrt zu glauben, dass dieses Bewusstsein persönlich und begrenzt sei und dass jede Person mit einem privaten und separaten Bewusstsein ausgestattet sei, sodass es viele Bewusstsein gebe. Wir haben nie bedacht, dass es zwar einfach zu verifizieren ist, dass zwei Gegenstände separat sind – man kann ihre Ränder und Grenzen sehen –, aber es ist nicht möglich, Ränder oder Grenzen des Bewusstseins zu finden.«
Francis Lucille, aus: Truth Love Beauty

Wenn es nur ein Gewahrsein oder Bewusstsein gibt, warum sind Sie sich nicht der Gedanken oder Empfindungen im Körper anderer Menschen gewahr? Oder dessen, was ein Tier in Afrika gerade sieht oder hört? Weil Gewahrsein oder Bewusstsein durch Ihren Geist geleitet und dadurch räumlich Ihrem Körper zugeordnet wurde. Zudem hindert Sie der Glaube, ein separates Individuum zu sein, daran, die umfassende Weite des Gewahrseins zu erleben. Doch wenn Sie Mitgefühl oder Liebe für einen anderen Menschen empfinden, sind Sie weit mehr auf das eine Gewahrsein eingestimmt, als Ihnen vielleicht klar ist.

Wir alle hatten in unserem Leben schon Augenblickserlebnisse von dem Gewahrsein, das wir sind, aber in den meisten Fällen haben wir sie abgetan als etwas, das wir fantasierten oder als eine Täuschung unserer Vorstellung. Ob wir uns daran erinnern oder nicht, hatten wir Erlebnisse, die wir nicht erklären können, sehr häufig, als wir noch Kinder waren. Es mag ein Empfinden gewesen sein, bei dem Sie sich gleichsam ausgedehnt fühlten, als wären Sie sehr groß, und Sie hatten ein Gefühl, als ob die Welt in Ihrem Inneren wäre, oder vielleicht haben Sie etwas gesehen oder gehört, das niemand außer Ihnen sehen oder hören konnte.

Kinder sind mehr auf das Gewahrsein eingestimmt, weil ihr Geist das Gewahrsein noch nicht mit einem ganzen Arsenal von gedanklichen Vorstellungen und Überzeugungen überlagert hat. Unter dem Alter von zweieinhalb Jahren sind Kinder reines, schlichtes Gewahrsein. Sie haben nicht das Erleben, separat zu sein, deshalb sprechen sie von sich selbst in der dritten Person. Wenn sie sich auf einem Foto erkennt, deutet die zweijährige Sarah darauf und sagt: »Das ist Sarah!« Sie würde nicht sagen: »Das bin ich«, weil sie sich selbst noch nicht als ein »Ich« erlebt, als eine separate Person. Ihr Erleben ist, dass es nur eins gibt, und das ist sie, und jeder andere ist es ebenso.

»Es gibt nichts dort draußen außer unserem Bewusstsein.
Es gibt nur ein Bewusstsein und wir sind es.«
Lester Levenson, aus: Happiness Is Free, *Volumes 1–5*

Gewahrsein oder Bewusstsein durchzieht Ihren ganzen Körper und alles außerhalb Ihres Körpers; Gewahrsein kann nicht in Ihrem Körper enthalten sein, denn Gewahrsein ist formlos. Es wäre, als versuchte man, Raum in einem Glas zu fassen; natürlich ist Raum sowohl innerhalb als auch überall außerhalb des Gefäßes. Tatsächlich ist das Gefäß *im Raum,* so wie alle Körper *im Gewahrsein* sind. Absolut alles ist in Gewahrsein enthalten, und dies ist der Grund, warum die erleuchteten Wesen das Erleben haben, alles zu sein – weil sie alles *sind.* Und als Gewahrsein sind Sie das auch!

»Hinter deinen Augen ist das gleiche Bewusstsein, das eine Bewusstsein, das hinter Jesus, Buddha, Krishna und hinter allen Augen steht.«
Meine Lehrerin

Denken Sie darüber nach. Ihr Bewusstsein ist das gleiche Bewusstsein wie das aller großen Wesen, und dies zeigt, wie nah Sie ihnen sind. Jene sind nicht weit von Ihnen entfernt. Sie sind *eins* mit ihnen.

»Das Geheimnis, der Zauber daran ist, dass dieses Bewusstsein, das wir für so selbstverständlich halten, dass wir sogar seine Existenz leugnen, das Bewusstsein des Universums ist, sein wahres Zentrum.«
Francis Lucille, aus: Truth Love Beauty

Wie man als Gewahrsein bleibt

Es gibt keinen Vorgang, wie Sie das Gewahrsein werden, das Sie sind. Es ist nicht etwas, das Sie erst erreichen müssten. Es ist nicht etwas, das bestimmte Menschen haben und Sie nicht. Sie haben es *bereits jetzt.* Sie haben es vielleicht übersehen, und Sie haben vielleicht Ihr ganzes Leben geglaubt, Sie seien bloß eine Person, aber dies ändert nichts an der Tatsache dessen, was Sie bereits sind.

»Du kannst alles andere verlieren, aber du kannst niemals das Gewahrsein verlieren, das du bist.«
Mooji, aus: Vaster Than Sky, Greater Than Space

Wenn ein Mensch aus dem Wissen lebt, dass er unendliches Gewahrsein ist, dann wird sein Erleben des Lebens in der materiellen Welt atemberaubend. Weil sein Geist in den Hintergrund und das Gewahrsein in den Vordergrund gerückt ist, bleibt er nicht länger mehr den Turbulenzen des Geistes ausgesetzt, und so ist er unbeschwert, immer fröhlich und lacht viel. Er lebt in reinem Glück und Seligkeit und dies ist die Grundstimmung seines täglichen Lebens. Probleme sind buchstäblich nichtexistent, alles Erträumte fliegt einem zu, und weil man bewusst als Gewahrsein lebt, ist man sich seiner Unsterblichkeit gänzlich gewahr. Man weiß, dass man alles ist, und dass man von nichts tangiert werden kann. Das Leben auf Erden kann gar nicht mehr besser werden!

»Jede Kleinigkeit, die Sie tun oder sehen – jede ganz gewöhnliche Kleinigkeit –, birgt dieses prickelnde Wohlgefühl. Manchmal fällt es schwer, selbst über die unspektakulärsten Dinge nicht zu weinen. Die Linien an der Wand im Verhältnis zu der Flachheit des Fußbodens. Dessen Waagerechtigkeit. Der Flor des Teppichs. Das Geräusch des vorbeifahrenden Autos. Der Duft der Haut deines Arms. Alles ist wunderbar.«

Jan Frazier, aus: Opening the Door

Aber Sie müssen es selbst erleben. Von jemand anderem darüber zu hören, ist eine Orientierung, die Sie in die richtige Richtung weist. Doch es ist wie ein Reiseberater, der Ihnen den Mount Everest schildert. Sie können nicht erfahren, wie der Mount Everest ist, solange Sie nicht selbst dorthin reisen und es erleben. Erst dann werden Sie es wissen.

»Es ist in der Tat unmöglich, nicht dieser offene Raum des Bewusstseins zu bleiben. Es jedoch wissentlich zu sein ist eine andere Sache.«
Francis Lucille, aus: The Perfume of Silence

»Sie können nicht ohne Gewahrsein sein – lediglich aufgrund der Angewohnheit seine Aufmerksamkeit auf das Denken zu richten, wird es übersehen.«
Peter Lawry

Wir können unsere Aufmerksamkeit entweder auf die Gedanken in unserem Kopf richten, oder auf das Gewahrsein, das wir sind. Es ist eine einfache Änderung unserer Ausrichtung. Richten Sie, so oft Sie können, Ihre Aufmerksamkeit auf das Gewahrsein, statt sie auf das Denken zu konzentrieren, und Sie werden auf Ihrem Weg zur absoluten Freiheit und Glückseligkeit sein.

Die Gewahrseins-Übung – drei Schritte zur Seligkeit

Die Gewahrseins-Übung nutze und praktiziere ich, um ständig Gewahrsein zu bleiben. Diese Übung strebt nicht das Ziel an, Gewahrsein zu *werden,* denn das sind Sie bereits. Vielmehr können Sie Ihr Leben bewusst als das leben, was Sie sind. Es sind nur drei einfache Schritte zu einem Leben in völliger Freiheit und anhaltender Glückseligkeit.

Schritt 1: Fragen Sie sich: »Bin ich gewahr?«
Schritt 2: Stellen Sie Gewahrsein fest.
Schritt 3: Bleiben Sie als Gewahrsein.

Schritt 1: Fragen Sie sich: »Bin ich gewahr?«

Versuchen Sie nicht, diese Frage mit dem Verstand zu beantworten; Gedanken können Ihnen nicht dabei helfen, Gewahrsein zu erleben. Jedes Mal, wenn Sie die Frage stellen, wird Ihre Aufmerksamkeit vom Denken und vom Geist abgezogen und auf Gewahrsein gelenkt werden. Wenn Sie fragen: »Bin ich gewahr?«, ist Gewahrsein augenblicklich vorhanden. Der Verstand mag sofort dazwischentreten mit einem Gedanken, aber wenn er dies tut, wiederholen Sie einfach die Frage. Je länger Sie die Frage stellen, desto länger werden Sie als Gewahrsein bleiben, und desto stiller werden Ihr Denken und Ihr Verstand werden.

»Beachte, dass der Verstand in all seinen Veränderungen
einen unveränderten Hintergrund hat.«
Hale Dwoskin

Nach der Frage »Bin ich gewahr?« ist das Erste, das Sie wahrscheinlich spüren werden, ein Empfinden von Erleichterung, wenn jeglicher Widerstand im Geist und Körper wegzuschmelzen beginnt. Nachdem Sie sich die Frage wiederholt gestellt haben, wird sich das Gefühl von Erleichterung im Lauf der Zeit in ein feines Gefühl friedlichen Glücks verwandeln. Möglicherweise spüren Sie Ströme der Freude im Bereich des Herzens.

Die Erleichterung empfinden Sie, weil Ihr Geist in den Hintergrund sinkt. Je länger der Geist im Hintergrund bleibt und das Gewahrsein dabei in den

Vordergrund tritt, desto größer wird die Erleichterung, und desto mehr Glück werden Sie allmählich empfinden. Die Seligkeit kommt, wenn Gewahrsein permanent im Vordergrund bleibt und der Geist an seinen rechtmäßigen Platz delegiert wird.

Denken Sie daran: Gewahrsein ist formlos, deshalb ist es nichts, an dem Sie festhalten können. Es ist wie Liebe. Sie wissen, dass es Liebe gibt – aber können Sie sie festhalten? Sie können die Empfindungen der Liebe in Ihrem Herzen spüren, aber Sie können sie nicht mit der Hand greifen. Mit dem Gewahrsein ist es das Gleiche. Sie werden dank des Gewahrseins die Empfindungen von Erleichterung und Seligkeit in Ihrem Körper fühlen, aber Sie können es nicht mit Händen greifen oder festhalten.

Aufgrund der Gewohnheit zu denken mag es zu Beginn schwierig erscheinen, ständig als Gewahrsein zu bleiben.

»Sobald wir dies bemerken, können wir erneut fragen:
›Bin ich gewahr?‹ und auf diese Weise unseren Geist einladen,
sich statt den Objekten des Wissens und Erlebens nun seiner
Essenz oder Quelle zuzuwenden.«
Rupert Spira, aus: Bewusstsein bewusst sein

Die Angewohnheit unablässig zu denken können Sie durchbrechen, indem Sie das unendliche Gewahrsein sind, das Sie sind. Sie können nicht Ihren Verstand bemühen, um ihn selbst abzustellen und mit der Gewohnheit zu denken zu brechen. Dies ist der Grund, warum viele Menschen bei der Meditation scheitern. Sie versuchen, ihr Denken mithilfe ihres Denkens in die Stille zu führen, statt zuzulassen, dass ihre Gedanken kommen und gehen, ohne ihnen Aufmerksamkeit zu schenken.

Für die meisten Menschen gibt es buchstäblich keine Befreiung von ihrem Geist, weil dieser ständig einen Gedanken nach dem anderen auswirft, und sie erkennen nicht, dass sie ihre Aufmerksamkeit von den Gedanken abziehen können. Freiheit vom Denken ist eine so herrliche Erleichterung, und sie kommt, wenn Sie die Gedanken beobachten können, anstatt sich verleiten zu lassen, ihnen zu folgen und ihnen zu glauben.

Schritt 2: Stellen Sie Gewahrsein fest.

Nach relativ kurzer Zeit der Übung von Schritt 1 werden Sie an den Punkt gelangen, an dem Sie automatisch Gewahrsein feststellen. Sie brauchen nicht mehr zu fragen »Bin ich gewahr?«, denn sowie Sie an Gewahrsein denken, wird Gewahrsein augenblicklich in den Vordergrund und Ihr Geist in den Hintergrund treten.

»Lass zu, dass das Erlebnis, gewahr zu sein, in den Vordergrund deines Erlebens tritt, und lass deine Gedanken, Bilder, Gefühle, Empfindungen und Wahrnehmungen in den Hintergrund sinken. Stelle einfach fest, dass du gewahr bist. Hier ist der Sitz des Friedens und des Glücks, nach denen sich alle Menschen sehnen.«
Rupert Spira, aus: Bewusstsein bewusst sein

Lenken Sie Ihre Aufmerksamkeit zunehmend auf das Gewahrsein, indem Sie es im Laufe des Tages immer wieder feststellen. Es wird nicht lange dauern, bis Sie mit jedem Mal ein Gefühl wohltuender Erleichterung und des Glücks verspüren, wenn Sie von den Turbulenzen des Geistes in den tiefen Frieden des Gewahrseins zurückkehren.

»Du kannst in jedem Augenblick entscheiden: zu sein, was du bist, oder zu sein, was du nicht bist. Jede Sekunde hast du die Wahl.«
Meine Lehrerin

Wenn Sie das Gefühl haben, dass Ihr denkender Geist das Gewahrsein überlagert, oder wenn es sich so anfühlt, als hätten Sie es verloren und könnten es nicht zurückbekommen, fragen Sie sich: »Was ist sich dessen gewahr, dass das Gewahrsein verloren ist?« Es ist Gewahrsein, das sich dessen gewahr ist! Und damit werden Sie des Gewahrseins wieder neu gewahr.

Wenn Sie meinen, das Gewahrsein noch nicht entdeckt haben zu können, fragen Sie sich: »Was ist sich dessen gewahr, dass ich das Gewahrsein nicht entdeckt habe?« Wieder ist es das Gewahrsein, das sich dessen gewahr ist! Und jetzt sind Sie sich des Gewahrseins gewahr.

»Du bist bereits Gewahrsein und nicht jemand, der versucht,
gewahr zu sein.«
Mooji

Sind Sie gerade Ihres Körpers gewahr? Es ist Gewahrsein, das sich Ihres Körpers gewahr ist. Sind Sie der Fläche gewahr, auf der Sie gerade sitzen? Es ist Gewahrsein, das sich des Sitzes gewahr ist. Sind Sie Ihrer Atmung gewahr? Es ist Gewahrsein, das sich Ihrer Atmung gewahr ist. So einfach ist das.

»Jedes Mal, wenn du daran denkst, holst du dich selbst in die
Bewusstheit des Jetzt zurück. Tue dies täglich Hunderte von Malen,
denn – du erinnerst dich? – all deine Macht liegt in deinem
Bewusstsein deiner Macht.«
aus: The Secret – Das Geheimnis

Schritt 3: Bleiben Sie als Gewahrsein.

»Am Anfang fühlst du dich wie ein Besucher des Gewahrseins, aber wenn du seine Wirklichkeit immer weiter entdeckst, schmilzt jedes Gefühl von Angst oder Trennung dahin.«
Mooji

Als Gewahrsein zu bleiben bedeutet, darauf zu achten, worauf Sie Ihre Aufmerksamkeit richten. Meine Lehrerin empfiehlt eine einfache Art, darüber nachzudenken. Unser Geist arbeitet ähnlich wie das Objektiv einer Kamera. Der Verstand besitzt eine automatische Zoomfunktion und fokussiert unsere Aufmerksamkeit auf Dinge im Detail, so wie Sie es mit einem Kameraobjektiv für eine Nahaufnahme tun würden. Die meiste Zeit zoomt der Geist heran und wir nehmen die Welt mit gezielter Aufmerksamkeit wahr, was zu einer sehr engen und verzerrten Sicht der Welt führt. Wenn Sie jedoch ein Foto von einem weiten offenen Raum aufnehmen möchten, zoomen Sie weg und wählen eine möglichst kleine Brennweite, um eine Weitwinkelaufnahme zu machen. Gleiches gilt auch für das Gewahrsein: Wenn Sie Ihre Aufmerksamkeit weit öffnen und sich nicht mehr auf Einzelheiten einstellen, wird Gewahrsein offenbar. Dies ist eine einfache Methode, um als Gewahrsein zu bleiben und alles so zu lassen, wie es ist.

Um dies in die Praxis umzusetzen, sehen Sie sich jetzt um, finden Sie etwas in der Nähe, auf das Sie sich konzentrieren können, und richten Sie Ihre Aufmerksamkeit nur darauf. Sie können zum Beispiel Ihre Hand betrachten, wenn Sie wollen. Nun öffnen Sie Ihre Aufmerksamkeit ganz weit, um so viel wie möglich von Ihrer Umgebung aufzunehmen, ohne dabei auf irgendetwas besonders konzentriert zu sein. Bemerken Sie ein sofortiges Gefühl der Erleichterung und Entspannung im Körper? Es tritt ein, weil unser Geist sonst ständig fokussiert ist und es viel Mühe erfordert, diese Konzentration aufrechtzuerhalten. Wenn Sie also Ihre Aufmerksamkeit so weit und breit wie möglich öffnen, tritt unser Geist in den Hintergrund und Gewahrsein tritt in den Vordergrund. Sie fühlen sich erleichtert, weil das Gewahrsein *mühelos* ist; es sieht und weiß alles, ohne sich konzentrieren zu müssen.

»Das, mit dem du dich verwechselt hast und das Dinge geschehen lassen will, hat keinerlei Macht. Doch es sagt: ›Ich muss mich um einige Dinge kümmern.‹ Es ist das Gewahrsein, das sich um alles kümmert.«
Meine Lehrerin

»Je weniger Sie glauben, der Macher zu sein, desto mehr werden Sie zu einer unaufhaltsamen Kraft zum Guten in der Welt.«
Hale Dwoskin

Ich war eine große Macherin. Ich war stolz auf meine Fähigkeiten und jonglierte mit mehreren Dingen gleichzeitig. Das wurde meine Identität. Ich war die Königin der Tat! Und so spülte das Universum natürlich eine unendliche Zahl von Dingen herbei, die ich tun musste aufgrund dessen, was ich über mich selbst glaubte.

Aber all das hat sich geändert, weil ich mehr und mehr losgelassen habe, was ich zu sein glaubte, und das Gewahrsein geblieben bin, das ich bin. Ich bin nicht nur glücklicher als je zuvor, sondern statt dass ich die ganze Zeit tun, tun und noch mehr tun muss, scheinen sich die Dinge auf natürliche Weise zu erledigen, ohne dass ich das tue. Und wenn ich schließlich etwas tue, ist es so, als bräuchte ich nicht einmal etwas zu tun, weil es so mühelos ist. Das Leben wird wunderbar!

Schenken Sie sich mindestens fünf Minuten am Tag Zeit, um Ihre Aufmerksamkeit auf das Gewahrsein zu richten. Dies können Sie als Erstes nach dem Aufwachen tun, wenn Sie ins Bett gehen oder zu einer anderen Zeit, die Ihnen passt. Wenn Sie genauso hingebungsvoll darin sind wie ich, ein wunderbares Leben zu führen, werden Sie Ihre Aufmerksamkeit häufiger auf das

Gewahrsein richten, doch selbst fünf Minuten am Tag werden einen enormen Unterschied für Ihr Leben bedeuten. So einfach ist das.

Denken Sie daran: Dies ist keine Übung, um Gewahrsein zu werden, denn Sie sind bereits unendliches Gewahrsein. Es ist vielmehr eine Übung, die Sie davon abhält, sich mit dem Geist und dem Körper zu identifizieren – die Sie nicht sind.

»Zu Beginn mag es einem wie eine Anstrengung vorkommen, immer
wieder in die einladende Präsenz zurückzukehren, aber irgendwann
ist es so natürlich, dass es eine Anstrengung zu erfordern scheint,
sie zu verlassen. Es fühlt sich wie zu Hause an.«
Francis Lucille, aus: The Perfume of Silence

Sie werden einen Punkt erreichen, an dem Sie mit Sicherheit wissen, dass Sie sich im Bereich des Göttlichen oder für diejenigen, die lieber das Wort Gott verwenden, in der Gegenwart Gottes befinden. In der Gegenwart Gottes oder im Bereich des Göttlichen zu sein bedeutet, jenseits des Geistes zu sein.

»Wenn du den Blick des Egos verlierst, siehst du mit den Augen Gottes.«
Mooji

Nachdem Sie diese Schritte einige Zeit geübt haben, werden Sie feststellen, dass das Gewahrsein von selbst immer dominanter und präsenter in Ihnen wird, und Ihr Geist wird viel ruhiger. Andere Anzeichen dafür, wie es Ihnen geht, sind: Ihr Leben wird einfacher und müheloser; Sie fühlen sich friedlicher; Dinge, die Sie früher gestört haben, stören Sie nun nicht mehr; Sie fühlen sich ruhiger; Ihre Emotionen werden stabiler und Sie stellen fest, dass Sie nicht so leicht von negativen Emotionen überwältigt werden. Ja, Sie werden ein Gefühl des Glücks verspüren, das Sie vorher noch nicht gefühlt haben. Der Neigung Ihres Geistes, sich zu beklagen, zu kritisieren und sich auf Negativität zu konzentrieren, werden Sie sich nun deutlicher bewusst. Und Sie werden feststellen, dass Sie Ihrem Geist nicht mehr die Macht über Sie geben, wie Sie es früher zu tun pflegten, weil Sie nun die Aufmerksamkeit von Ihren Gedanken abgezogen haben.

»Da wir wissen, dass wir das perfekte Selbst sind – dass wir nicht dieser begrenzte Körper und Geist sind –, lösen sich alle Probleme sofort.«
Lester Levenson, aus: Happiness Is Free, *Volumes 1–5*

Gewahrsein ist größer als alles, dessen es gewahr ist. Die Person ist begrenzt, aber das Gewahrsein ist unbegrenzt, das heißt *alles* ist möglich. Nichts kann Sie jemals einschränken; absolut nichts hat Macht über Sie!

»Was wir erleben, scheint ein begrenztes Bewusstsein zu sein, doch wenn wir genauer hinschauen, sehen wir, dass dies unmöglich ist. Das, was sich der Grenzen gewahr ist, überschreitet Grenzen und ist deshalb jenseits dieser Grenzen.«
Francis Lucille, aus: The Perfume of Silence

Nichts kann das Gewahrsein stören! Keine Anzahl von Problemen vermag Sie zu stören. Negativität kann Sie nicht berühren. Kriege können Sie nicht beeinflussen. Sie als Bewusstsein sind immer sicher und gesund. Sie sind unantastbar, unverletzlich, unvergänglich. Was sollte Sie da bedrohen? Sie umfassen alles. Sie sind alles. Beginnen Sie nach besten Kräften, als das Gewahrsein zu bleiben, das Sie sind, indem Sie Ihre Aufmerksamkeit häufig auf das Gewahrsein richten, damit Sie ein wunderbares Leben führen können.

»Dann können Sie sich nicht mehr von den offenkundigen Begrenzungen der Welt täuschen lassen. Sie sehen sie als einen Traum, als bloße Erscheinung, weil Sie wissen, dass Ihr eigenes Sein keine Grenzen hat.«
Lester Levenson, aus: Happiness Is Free, *Volumes 1–5*

KAPITEL 3 Zusammenfassung

- *Sie sind Gewahrsein, Sie sind nicht eine Person, die sich einer Sache gewahr ist.*
- *Ein Teleskop ist nur ein Instrument, wenn kein Astronom da ist, der hindurchschaut; Ihr Körper und Geist sind Instrumente des Gewahrseins.*
- *Es gibt nur ein Gewahrsein, und es ist dasselbe Gewahrsein, das durch jeden wirkt.*
- *Sie sind sich der Gedanken oder Empfindungen im Körper eines anderen Menschen nicht gewahr, weil Gewahrsein durch Ihren Geist geleitet und dadurch räumlich Ihrem Körper zugeordnet wurde.*
- *Gewahrsein oder Bewusstsein durchzieht Ihren ganzen Körper und alles außerhalb Ihres Körpers.*
- *Wir können unsere Aufmerksamkeit entweder auf die Gedanken in unserem Kopf richten oder auf das Gewahrsein, das wir sind. Richten Sie Ihre Aufmerksamkeit auf das Gewahrsein, so oft Sie können.*
- *Die Gewahrseins-Übung:*
Schritt 1: Fragen Sie sich: »Bin ich gewahr?«
Schritt 2: Stellen Sie Gewahrsein fest.
Schritt 3: Bleiben Sie als Gewahrsein.
- *Die Angewohnheit des Geistes, unablässig zu denken, können Sie ein für alle Mal durchbrechen, indem Sie als das Gewahrsein bleiben, das Sie sind.*

- *Lenken Sie Ihre Aufmerksamkeit zunehmend auf das Gewahrsein, indem Sie das Gewahrsein im Laufe des Tages immer wieder feststellen.*

- *Ein einfacher Weg, als Gewahrsein zu bleiben: Öffnen Sie Ihre Aufmerksamkeit weit wie die Optik einer Kamera, schon sind Sie nicht mehr auf irgendeine Einzelheit konzentriert, und Gewahrsein wird offenbar.*

- *Finden Sie etwas in der Nähe, auf das Sie Ihre Aufmerksamkeit konzentrieren können, und richten Sie Ihre Aufmerksamkeit nur darauf, um das zu üben. Nun machen Sie Ihre Aufmerksamkeit ganz weit, um so viel wie möglich von Ihrer Umgebung aufzunehmen, ohne sich dabei auf irgendetwas besonders zu konzentrieren.*

KAPITEL 4

SIE TRÄUMEN …
ZEIT ZUM
ERWACHEN

Vielen spirituellen Lehrern und alten Traditionen zufolge sind unsere ganze Welt, Ihr Leben und das aller anderen nicht mehr als ein Traum. Sie sagen nicht, dass unsere Welt und alles in ihr *wie* ein Traum sei, sondern dass sie buchstäblich aus derselben Substanz wie unsere Träume bestehe und ebenso illusorisch sei. Wenn Sie dauerhaft als Gewahrsein bleiben, werden Sie mit Sicherheit feststellen, dass Ihr Leben und die Welt nicht die Wirklichkeit sind, für die Sie sie gehalten hatten: Sie sind ein Traum.

»Dieses Leben ist ein Traum; wir träumen davon, eine Person zu sein, die in einer Welt lebt, von deren Wirklichkeit wir überzeugt sind. Wir erkennen nicht, dass alles ein Traum ist. Die ganze Welt, wie man sie heute sieht, ist nichts weiter als eine Traumillusion, die es nie gegeben hat. Die Wahrheit liegt unmittelbar hinter der Außenwelt.«

Lester Levenson, aus: Happiness Is Free, *Volumes 1–5*

»Wir sollten offen sein für die Möglichkeit, dass dies ein Traum ist, und wenn wir dies tun, ändert sich alles dramatisch. Es stellt sich heraus, dass es tatsächlich so ist. Wenn dieses Wacherlebnis als Traum erkannt wird, ändert sich unser Verhalten und wir werden feststellen, dass sich auch die Reaktion der Beteiligten oder die Situation in diesem Traum ändert.«

Francis Lucille, aus: The Perfume of Silence

»Wir befinden uns gerade in einem Klartraum. Ein Teil des Traums ist das, was wir Geist, Körper und Universum nennen.«
Deepak Chopra™, M. D.

»Und der Traum ist nahtlos, sodass es den Menschen praktisch unmöglich ist, aufzuwachen.«
Meine Lehrerin

In Ihren nächtlichen Träumen erschafft Ihr Geist Ihren Körper, andere Menschen (manche von ihnen kennen Sie, andere kennen Sie nicht), kleine und große Städte, Häuser, Fahrzeuge, Lebensmittel, Gegenstände, Bäume, Natur, Tiere, die Sonne, Sterne und Himmel. Er erzeugt auch Zeitabläufe, Tag, Nacht, Stimmen, Geräusche und alle Umstände und Ereignisse, die in Ihrem Traum vorkommen. Ihr Geist erschafft eine ganze Welt, sogar eine Traumversion von Ihnen selbst, und er lässt alles so real erscheinen, dass Sie es nicht in Frage stellen – bis Sie aufwachen. Erst dann merken Sie, dass es ein Traum war.

»Sie haben wahrscheinlich einen der wichtigsten Aspekte eines Traums bemerkt. Praktisch immer erkennt das ›Ich‹ im Traum nicht, dass es sich um einen Traum handelt. Das ist das Paradoxe am Träumen. Die Handelnden in ihrem Traum nehmen automatisch an, sie seien hellwach! Doch die Traumfiguren sind nicht wach. Die Traumerlebnisse sind nicht real.
Im Traum hat man davon nichts bemerkt. Beachten Sie noch ein weiteres Merkmal des Traumes. Für die Figuren im Traum gibt es nichts außerhalb des Traums. Die Traumfiguren haben keine Ahnung, dass es eine weitere, echte Art von Wachheit gibt. Die Traumgestalt hat keine Ahnung, was sie versäumt.«
Peter Dziuban, aus: Simply Notice

»In unserem nächtlichen Traum scheint alles real zu sein. Wenn wir im Traum einen Tiger sehen, fürchten wir uns, weil wir nicht wissen, dass wir dem Tiger entkommen werden. Wenn wir wüssten, dass wir unmöglich Angst zu haben bräuchten, würden wir uns dann fürchten? Dies zeigt, dass eine Illusion durchaus real erscheinen kann, während wir ihr ausgesetzt sind, obwohl wir, sobald wir uns ihrer Scheinwirklichkeit bewusst werden, verstehen, dass wir es waren, die sie überhaupt erschaffen haben.«

Francis Lucille, aus: Truth Love Beauty

Selbst wenn Sie sich völlig bewusst sind, dass die Welt ein Traum ist, wahren Sie doch gegenüber Ihrer Stofflichkeit und Ihrem physischen Körper einen gebührenden Respekt. Sie gehen nicht los und springen von einem Hochhaus, denn das Gebäude, der Erdboden, Ihr Körper und die Schwerkraft bestehen alle aus dem gleichen Traummaterial, und das werden Sie spüren! Ein Lehrer sagte einmal: Wenn Sie in meinem Traum auftauchen und mich kneifen, werde ich es spüren, denn es ist ein Traumkniff!

»In einem Traum können zehn Jahre in einer Minute vergehen. Sie können ein Baby bekommen und es dann als Kind zur Schule bringen. Wenn Sie

aufwachen, sehen Sie, dass der Körper im Traum eine Illusion war, und auch die Zeit, die er erlebte, war eine Illusion, doch aus der Perspektive des Traumes schien es real zu sein.«
Francis Lucille, aus: The Perfume of Silence

»Wenn wir zum Beispiel den Traumzustand betrachten, gibt es vielleicht einen Traum, der sich über einen Zeitraum von fünfzig Jahren erstreckt, doch dann wachen wir auf und stellen fest, dass das Geträumte nicht tatsächlich geschehen ist. Es erschien uns nur real, solange wir uns mit dem Traumzustand des Bewusstseins identifizierten. Der Wachzustand wiederum ist ebenfalls nur ein äußerst überzeugendes Schauspiel, das unser Bewusstsein hervorbringt.«
David Bingham, Conscious TV

»Für diesen Traum im Wachzustand gelten die Gesetze der Physik. In Nachtträumen sind die Naturgesetze anders. Deshalb kann man nachts fliegen!«
Francis Lucille, aus: The Perfume of Silence

Was auch immer im Traum »Erde« geschieht, das Ende ist für uns alle das Gleiche: Wir erwachen und erkennen, dass alles ein Traum war! Deshalb rufen spirituelle Lehrer uns dazu auf zu »erwachen«. Das bedeutet, aus der Illusion zu erwachen und zu erkennen, dass alles ein Traum ist. Wenn wir zur Wahrheit erwachen, stellen wir fest, dass niemand jemals verletzt oder geschädigt wurde und keiner gestorben ist – genau wie wenn Sie nach einem Albtraum entsetzt aufwachen und mit Erleichterung feststellen, dass niemand wirklich verletzt wurde und nichts Schlimmes passiert ist; es war nur ein Traum.

»Wenn Sie ins Kino gehen und einen Film von Krieg und Leiden sehen und anschließend sagen können: ›Was für ein wunderbarer Film!‹, so mögen Sie dieses Leben als eine kosmische Bilderschau betrachten. Seien

Sie auf Erlebnisse aller Art gefasst, die Ihnen begegnen können und erkennen Sie, dass alle nur Träume sind.«
Paramahansa Yogananda, aus: Die ewige Suche des Menschen

»Die Welt als Traum zu sehen ist eine großartige Übung und wird dabei helfen, ihre scheinbare Stofflichkeit aufzuweichen.«
Francis Lucille

Erwachen

»Die größte Heilung besteht darin, aus dem zu erwachen,
was wir nicht sind.«
Mooji

»Es ist, als lenke man seinen Blick von einer Sache zu einer anderen. Es ist so subtil. Es ist wie ein Aufatmen. Wenn du bereit bist, wirst du es tun. Sage dir nicht, du wirst niemals dazu bereit sein. Sage dir nicht, dass es nicht möglich sei. Es geschieht überall um dich herum, bei Menschen wie dir. Diese sind nicht mehr beunruhigt. Früher waren sie es. Sie leben immer noch ihr Leben. Sie strotzen vor Freude. Sie haben ein Leben in Leichtigkeit, ganz gleich, was los ist. Sei nicht neidisch auf sie. Sei nicht misstrauisch. Werde selbst so. Du wirst dich freuen. Du wirst nicht verstehen können, warum du zugelassen hast, dass du selbst so lange auf die andere Weise weitergemacht hast.«
Jan Frazier, aus: Opening the Door

Ich kann mit absoluter Gewissheit sagen, dass ich mehrere Jahrzehnte meines Lebens geschlafen habe. Ich weiß, dass ich geschlafen habe, weil ich den genauen Tag, den genauen Augenblick und die genauen Umstände angeben kann, als ich zum ersten Mal erwachte! Seitdem habe ich viele kleine Aufwach-Momente und ein weiteres großes Erwachen gehabt. Das Erwachen ist, wie wenn man aus einem Nebel herauskommt; es wird plötzlich klar und man kann alles klarsehen.

Manche Leute sind erwacht, während sie auf der Couch lagen oder als sie über einen Parkplatz zu ihrem Auto gingen, sie haben den Gesang eines Vogels gehört oder etwas, was ein Lehrer sagte, oder sie haben etwas Bestimmtes gelesen. Viele sind mitten in einem schrecklichen Ereignis oder während einer persönlichen Krise erwacht, als ihr Leben an einem Tiefpunkt angekommen war. Und sie alle erkannten erst beim Erwachen – dass sie geschlafen hatten.

»Die meisten Menschen schlafen, auch wenn sie es nicht wissen. Sie werden schlafend geboren, sie leben schlafend, sie heiraten im Schlaf, sie ziehen Kinder auf im Schlaf und sie sterben im Schlaf, ohne jemals aufzuwachen. Sie haben ein mechanisches Leben, mechanische Gedanken – im Allgemeinen die eines anderen –, mechanische Emotionen, mechanische Handlungen, mechanische Reaktionen. Sie verstehen nie die Anmut und Schönheit dessen, was wir menschliche Existenz nennen.«
Anthony de Mello, S. J., aus: Awareness. Conversations with The Masters

Unser Verstand ist mechanisch wie ein Programm in einem Computer. Wenn wir also von unserem Verstand regiert werden, ist unser Leben mechanisch. Vielleicht haben Sie ständig nicht genug Geld. Dies ist das Ergebnis eines mechanischen Denkens, das immer wieder die gleichen Gedanken an »nicht genug Geld« wiederholt. Sie stärken diese Gedanken, indem Sie ihnen glauben, und erleben weiterhin, dass Sie nicht genug Geld haben. Dies ist das Werk der begrenzenden Gedanken des Verstandes; Gewahrsein hingegen ist absolute Fülle.

Wenn Sie erwachen und anfangen, Ihr Leben als Gewahrsein zu leben, wird Ihr Leben über alles hinausgehen, was Sie sich jetzt vorstellen können. Sie werden die Welt absolut überwältigend finden, voller Schönheit und Anmut, und Sie werden mit klaren Augen sehen, dass alles auf dem richtigen Weg, nichts fehl am Platz und alles in Ordnung ist. Wenn der Verstand unser Leben regiert, werden wir daran gehindert, die Welt so zu sehen, wie sie wirklich ist.

Der Verstand widerspricht den meisten Dingen und beanstandet sie vehement. Durch seine Ichbezogenheit und Unfähigkeit, das ganze Bild zu sehen, wird er beurteilen, kritisieren und Fehler finden, und aufgrund seiner begrenzten Sicht des Lebens muss er Probleme wahrnehmen.

»Aufzuwachen ist unangenehm, das ist bekannt. Wenn man warm und behaglich im Bett liegt, ist es störend, geweckt zu werden. Dies ist der Grund, warum ein kluger Guru nicht versuchen wird, Menschen aufzuwecken. Ich hoffe, ich werde hier klug sein und nicht den geringsten Versuch unternehmen, jemanden aufzuwecken, falls er gerade schläft. Es geht mich wirklich nichts an, obwohl ich manchmal sage: ›Wach auf!‹«
Anthony de Mello, S. J., aus: Awareness. Conversations with The Masters

Es gibt für jeden von uns einen Lebenszweck – zu erwachen zu dem, der wir sind, Gewahrsein, und dieses unglaubliche Spektakel der Welt zu genießen. Wenn Sie erwachen, werden Sie *in* der Welt sein, aber nicht *von* der Welt, was bedeutet, dass Sie völlig frei von den Herausforderungen der Welt sein werden.

Wie ich in der dreistufigen Gewahrseins-Übung im vorigen Kapitel dargelegt habe, besteht der letzte Schritt, nachdem Sie für die Wahrheit des Gewahrseins erwacht sind, darin, bewusst als Gewahrsein zu bleiben und sich nicht in den Verstand und das Ego zurückziehen zu lassen. Manche Menschen wachen plötzlich auf und bleiben dauerhaft so, bei anderen scheint das Erwachen ein Prozess zu sein. Jeder bestätigt jedoch, dass sich der Vorgang des Erwachens endlos weiter vertieft.

»Man kann nicht mehr sagen: Hier geht es um Heilige, hier geht es um Zen-Mönche, hier geht es um etwas, worauf man sein Leben lang warten muss.

Oder: Dies ist für ernsthafte spirituell Praktizierende oder für Menschen, die nicht im physischen Leben schwelgen, oder für Menschen, die auf eine bestimmte Weise glauben … Wisse, dass du dorthin gehen kannst, dort sein kannst, ein unbeschwertes Leben führen kannst. Du musst es nicht erwirtschaften oder verdienen. Es ist kostenlos, es ist bereits da. Es ist keine Belohnung. Es ist angeboren.«

Jan Frazier, aus: Opening the Door

Zu erwachen zu dem, wer Sie wirklich sind, ist der Weg aus *aller* Negativität und der Weg zu dauerhaftem Glück. Es ist die Bestimmung eines jeden Menschen auf Erden. Es ist *Ihre* Bestimmung. Sie können es jetzt zu Ihrem Leben machen!

Der Berg des Bewusstseins

Vor vielen Jahren gebrauchte der Imperator des Europäischen Rosenkreuzerordens ein Bild, um mir zu helfen, die Ebenen des Bewusstseins und des Gewahrseins zu verstehen. Er sprach vom »Berg des Bewusstseins«.

Wenn Sie sich im Tal am Fuße des Berges befinden, können Sie nicht weit sehen. Ihre Perspektive ist eng und begrenzt, und Sie können nicht ausmachen, was vor Ihnen liegt oder was hinter der nächsten Ecke ist. Da Sie nicht wissen, was Sie jenseits des Tales erwartet, besteht eine große Angst vor dem Unbekannten.

Während Sie den Berg besteigen, fangen Sie an, Veränderungen zu bemerken. Ihr Blick auf das Leben weitet sich, je höher Sie kommen, weil Sie weiter und an einigen Dingen vorbeisehen können, die Ihnen am Fuß des Berges die Sicht versperrt hatten. Etwas weiter oben sehen die Dinge anders aus, weil Sie sie klarer sehen können, und obwohl Sie sich immer noch fürchten, sind Sie bei weitem nicht mehr so ängstlich wie im Tal.

Noch weiter oben am Berg hat sich die Atmosphäre verändert, die Vegetation ist anders und Sie können noch viel weiter sehen als vorher. Das Leben sieht hier ganz anders aus, und weil Sie jetzt viele Dinge sehen können, die Ihnen zuvor verborgen waren, lässt Ihre Angst vor dem Unbekannten weiter nach.

Wenn Sie den Gipfel des Berges erreichen, können Sie alles und in alle Richtungen sehen. Nichts ist Ihnen verborgen. Ihre Sicht der Welt und darüber hinaus ist in alle Richtungen erweitert. Sie können die Menschen im Tal und deren begrenztes Blickfeld sehen und wissen aus Ihrer Perspektive, dass jene nichts zu befürchten brauchen. Sie können auch die Menschen sehen, die sich auf ihrem Weg den Berg herauf in verschiedenen Phasen befinden, und die unterschiedlichen Einschränkungen ihrer Perspektive nachvollziehen. Wo Sie jetzt stehen, oben auf dem Gipfel des Berges, können Sie die unübertreffliche Schönheit und Vollendung von absolut allem wahrnehmen. Sie sehen, dass nichts fehl am Platz ist und dass es nichts gibt, worum sich jemand Sorgen machen oder wovor Menschen Angst haben müssten. Das Schauspiel, das Wunder und das Geheimnis des Lebens, das Ihnen hier offenbart wird, ist geradezu großartig. Wenn die Menschen im Tal die Pracht dessen zu sehen vermögen, was Sie sehen können, werden auch sie frei sein.

»Wenn wir auf einem Berggipfel stehen oder den Sternhimmel betrachten, spüren wir das Unendliche, das wir wirklich sind, und warum sich so viele Menschen nach diesem Gefühl der Weite sehnen.«
David Bingham

»Auf einer höheren Bewusstseinsebene ist nichts von diesem persönlichen Gedankenkram mehr von Bedeutung, denn du stehst auf dem Berggipfel deines eigenen Wesens und unter dir ziehen Wolken vorbei. Du kommst an einen Punkt, an dem überhaupt nichts mehr von Belang ist! Nichts, nichts, nichts! Und alles ist Vollendung.«
Mooji, aus: White Fire *(Second Edition)*

Jetzt, da Sie wissen, wer Sie sind, haben Sie mit dem Erwachen begonnen! Das Einzige, was Sie noch daran hindert, dauerhaft zu sein, wer Sie sind, ist Ihr Verstand. Ihr Geist ist Ihre größte Kraft in der materiellen Welt, weil er alles Materielle, jedes Ereignis oder jeden Umstand erzeugt, den Sie wollen, aber wenn Sie seinen negativen Gedanken glauben, richten Sie die schöpferische Kraft gegen Sie selbst. Es ist nichts verkehrt am Verstand, es wird nur dann problematisch, wenn Sie sich mit ihm identifizieren.

Wenn Ihr Verstand versucht, in Ihrem Namen zu sprechen, denken Sie daran, dass die Stimme, die Sie in Ihrem Kopf hören, nicht Sie sind. Ihr Denken ist nicht einmal eine tatsächliche Wesenheit, sondern ein Vorgang, ein mechanischer Prozess. Es besteht nur aus Gedanken und die Gedanken, die es hervorbringt, stammen aus Programmen, die von Ihren Überzeugungen gebildet und in Ihrem Unterbewusstsein festgehalten werden. Das Unterbewusstsein ist das Lagerhaus unserer Überzeugungen, unserer Erinnerungen, unserer Persönlichkeitsmerkmale, unserer automatischen Prozesse und Gewohnheiten, und seine Funktionsweise unterscheidet sich nicht von der eines Computers; es ist ganz mechanisch.

Ihr Unterbewusstsein erhält Informationen vom Bewusstsein, das heißt von Ihrem denkenden Geist, und nimmt alle Daten an, die dieser ihm einlagert. Das Unterbewusstsein unterscheidet nicht zwischen den hereinfließenden Informationen, sondern akzeptiert alles, was *unser Verstand für wahr hält.*

Im Grunde genommen recycelt unser Geist Gedanken entsprechend unseren Überzeugungen und hält uns mit diesen Gedanken gefangen, indem er unser Leben stark einschränkt – bis wir erwachen und sehen, dass unsere Gedanken und unser Geist nicht sind, wer wir sind!

»Möchten Sie lieber das Spiel der Begrenzung spielen oder lieber frei sein? Diese einfache Frage ist entscheidend, um unsere Besessenheit aufzugeben, begrenzte ›Körper-Geist-Einheit‹ zu sein. Wenn Sie denken, diese Körper-Geist-Einheit zu sein, und die Geschichten glauben, die Sie sich selbst und anderen erzählen, Körper-Geist-Einheit zu sein, dann spielen Sie lieber das Spiel der Begrenzung.«
Hale Dwoskin, aus: Happiness Is Free

Der erste Schritt zur Freiheit ist erreicht, wenn wir verstehen, dass es unsere Gedanken sind, die unser Leben erschaffen. Was Sie denken, manifestiert sich. Sie werden *nicht* das Leben haben, das Sie wollen, wenn Sie Ihre Aufmerksamkeit auf die Gedanken über das richten, was Sie *nicht wollen.* Und Sie werden das Leben haben, das Sie wollen, wenn Sie Ihre Aufmerksamkeit nur auf Gedanken an das richten, was Sie wollen! Wenn Sie dies ganz verstehen, werden Sie sich Ihrer Gedanken sehr bewusst, und das führt Sie auf den Weg des Erwachens. Die bewusste Wahrnehmung Ihrer Gedanken hält Sie nicht nur davon ab, negative Gedanken zu glauben, sondern bedeutet auch, dass Sie bewusster werden.

Das Buch und der Dokumentarfilm *The Secret – Das Geheimnis* erklären die Macht, die Sie besitzen, um Ihr Leben in allen Bereichen – Gesundheit, Beziehungen, Geld, Arbeit, Glück und sogar die Welt – durch Ihre Gedanken zu gestalten. Wenn Sie die phänomenale Kraft, die Sie durch Ihre Gedanken haben, noch nicht verstehen, bitte ich Sie dringend, sich ein Exemplar von *Das Geheimnis* zu besorgen oder von einem Freund oder einer Bibliothek auszuleihen. *The Secret – Das Geheimnis* hat das Leben von zig Millionen Menschen verändert. Und sich Ihrer Gedanken bewusster zu werden, ist ein ausgezeichneter erster Schritt in dem wunderbaren Prozess, zu dem zu erwachen, was wir wirklich sind.

KAPITEL 4 Zusammenfassung

- *Dieses Leben ist ein Traum. Die ganze Welt ist nichts weiter als eine Traumillusion.*
- *In Ihren nächtlichen Träumen erschafft Ihr Geist eine ganze Welt und lässt alles so real erscheinen, dass Sie es nicht in Frage stellen – bis Sie aufwachen.*
- *Der Wachzustand ist ebenfalls nur ein äußerst überzeugendes Schauspiel, das unser Bewusstsein hervorbringt.*
- *Weil unser Verstand mechanisch ist, ist unser Leben mechanisch, wenn wir aus unserem Verstand leben.*
- *Wenn unser Verstand unser Leben regiert, können wir die Welt nicht so sehen, wie sie wirklich ist.*
- *Wenn Sie erwachen, werden Sie in der Welt sein, aber nicht von der Welt.*
- *Der Berg des Bewusstseins ist eine Metapher für das Bewusstsein: Ihr Blick auf das Leben weitet sich, je höher Sie kommen. Auf dem Gipfel des Berges können Sie die unübertreffliche Schönheit und Vollendung von absolut allem wahrnehmen.*
- *Ihr Geist besteht aus Gedanken und die Gedanken, die er hervorbringt, stammen aus Programmen, die von Ihren Überzeugungen gebildet und in Ihrem Unterbewusstsein festgehalten werden.*
- *Das Unterbewusstsein speichert unsere Überzeugungen, unsere Erinnerungen, unsere Persönlichkeitsmerkmale, unsere automatischen Prozesse und Gewohnheiten. Seine Funktionsweise unterscheidet sich nicht von der eines Computers.*
- *Der erste Schritt zur Freiheit ist erreicht, wenn wir verstehen, dass unsere Gedanken unser Leben erschaffen. Was Sie denken, manifestiert sich.*

KAPITEL 5

FREIHEIT VOM GEIST

»Es ist nicht notwendig, dass der Geist ruhig wird. Alles, was zählt, ist, dass du nicht auf das hörst, was er sagt, als wäre es wahr.«
Jan Frazier, aus: The Great Sweetening: Life After Thought

Ihr Geist ist ein erstaunliches Werkzeug, mit dem Sie Ihr Leben genau so gestalten, wie Sie es haben wollen. Er ist weder unser Psychoanalytiker noch unser Therapeut, doch wir geben ihm große Macht über uns, wenn wir ihm zuhören und alle seine Gedanken glauben, als wären sie wahr. Diese eine Angewohnheit, unsere eigenen Gedanken zu glauben, beraubt uns der Möglichkeit, in der Pracht und Herrlichkeit unserer wahren Natur zu leben, im Gewahrsein. Wir werden daran gehindert, ein Leben in ständigem Glück zu führen, ein Leben, in dem uns alles, was wir brauchen, zur optimalen Zeit in die Hände fällt.

Wir Menschen haben zu sehr und zu lange gelitten wegen unseres Denkens. Es ist an der Zeit, es an seinen rechtmäßigen Platz zu verweisen, damit es nicht länger der Diktator unseres Lebens ist. Wenn wir nicht mehr aus dem und durch das Denken leben, werden wir anfangen, aus unserem wahren Selbst, dem Gewahrsein, zu leben; dann wird unser Dasein wirklich zu einem Himmel auf Erden und frei von Leiden und Negativität.

»Jedes Problem, das Sie als ›da draußen‹ wahrnehmen,
ist in Wirklichkeit nichts anderes als eine falsche Wahrnehmung
in Ihrem eigenen Denken.«
Byron Katie, aus: Lieben was ist

»Die kraftvollste Methode, um Negativität zu beseitigen, besteht darin anzuerkennen, dass Sie nicht Ihr Verstand sind. Ist dies einmal erkannt, hat Negativität keinen Halt mehr und löst sich auf.«
Hale Dwoskin

Die meisten Menschen glauben, dass negative Situationen von außerhalb kommen; sie glauben, dass Menschen, Umstände oder Ereignisse auf der Welt die negativen Situationen in ihrem Leben verursacht haben. Aber nichts ist von Natur aus gut oder schlecht, wie Shakespeare uns sagte: »An sich ist nichts weder gut noch böse, das Denken macht es erst dazu.«

Ihre Gedanken über eine Person, einen Umstand oder ein Ereignis sind die Quelle negativer Situationen in Ihrem Leben, nicht jene Person, der Umstand oder das Ereignis. Wenn Sie also ein wenig von der Mechanik Ihres Geistes verstehen, können Sie sich von seinen irrigen negativen Urteilen befreien und ihn dann für das verwenden, wozu er bestimmt ist – um das Leben zu erschaffen, das Sie wollen.

»Das Denken wurde erschaffen, damit du bestellen kannst,
was du willst, und nicht, damit du es genießt. Der Verstand
ist da, um die Bestellung entgegenzunehmen und das
Bestellte vor dir erscheinen zu lassen. Für irgendetwas anderes
wird das Denken nicht benötigt, denn um alles andere
kümmert sich das Gewahrsein.«
Meine Lehrerin

»Wenn Sie nur von diesem Augenblick an sehen würden, was Sie wollen, wäre dies alles das, was Sie bekommen würden. Aber Sie hegen auch Gedanken an die Dinge, die Sie nicht wollen. Sie mühen sich ab, Dinge auszumerzen, die Sie nicht wollen, und erhalten sie dadurch aufrecht. Es ist also notwendig, das Negative loszulassen und das Positive einzuführen, wenn Sie ein positives, glückliches Leben haben möchten.«
Lester Levenson, aus: Happiness Is Free, *Volumes 1–5*

Was genau ist Ihr Geist? Zunächst ist es wichtig zu verstehen, dass Ihr Geist nicht Ihr Gehirn ist. Ihr Gehirn denkt nicht. Den Wissenschaftlern ist es bis heute nicht gelungen, im Gehirn einen Gedanken zu finden; sie können nur die elektrische Aktivität sehen, die durch Gedanken verursacht wird. Das Denken kommt aus dem Geist. Ihr Geist besteht ausschließlich aus Gedanken. Wenn gerade kein Gedanke vorhanden ist, ist da auch kein Geist. So einfach ist das. Ihr Geist kann nicht einmal zwei Gedanken gleichzeitig fassen. Sie wissen, dass es unmöglich ist, einem Gespräch wirklich zuzuhören und gleichzeitig etwas auf Ihrem Mobiltelefon zu lesen. Ihr Geist beherrscht kein Multitasking, so sehr Sie das vielleicht glauben.

Doch ein einzelner Gedanke, ob positiv oder negativ, wird zu einem Kraftwerk, wenn Sie daran glauben.

»Wenn Sie lieber leiden, glauben Sie weiterhin Ihre belastenden Gedanken. Aber wenn Sie lieber glücklich sein möchten, stellen Sie sie in Frage.«
Byron Katie, aus: Ich liebe was ist

Die meisten Menschen glauben ihren eigenen Gedanken, als wären sie Tatsachen – was erklärt, warum das Leben für so viele stressig und schwierig ist. Niemand hat uns darauf hingewiesen, dass unsere Gedanken nur mentales Rauschen sind und *nicht* Realität. Wenn wir uns jedoch dafür entscheiden, unseren Gedanken zu glauben, *werden* sie zu unserer Wirklichkeit!

Der Geist ist der große Manifestator unseres physischen Lebens und er wird jeden und alle Gedanken manifestieren, an die wir glauben, ob sie positiv oder negativ sind, ob sie Gedanken an das sind, was wir wollen, oder an das, was wir nicht wollen. Positive Gedanken sind nicht schädlich für Ihr Leben, weil sie Ihrer wahren Natur verwandt sind. Negative Gedanken aber sind die Ursache für unseren Stress und unser Leiden. Deshalb müssen wir uns der negativen Gedanken besonders bewusst werden.

Da unser Geist mechanisch ist, kann negatives Denken leicht zu einem festen Muster werden. Wenn Sie dann auf die negativen Gedanken hören und sich mit ihnen identifizieren, werden Sie hineingezogen und verlieren sich in Ihren Gedanken wie in einer hypnotischen Trance. Ihre Gedanken werden Sie ständig in Ihren Kopf ziehen und von dem ablenken, was tatsächlich in der Welt passiert.

»Du glaubst, du seist dein Verstand. Das ist die Täuschung.
Das Instrument hat die Macht übernommen.«
Eckhart Tolle, aus: Jetzt! Die Kraft der Gegenwart

Es ist, als spielten wir ein Virtual-Reality-Spiel und hätten vergessen, dass wir Headset oder VR-Brille tragen. Aufgrund der komplexen Umstände in der Welt der virtuellen Realität sind wir gestresst und leiden, aber wenn wir nur das Headset oder die VR-Brille abnähmen, würden wir erkennen, dass die virtuelle Welt nicht real ist. So ist es auch mit unseren Gedanken. Wenn wir unsere Gedanken glauben, werden wir sofort in einen Fantasie-Gedankenfilm verwickelt, der in unserem Kopf spielt, und wir erleben die Welt nicht mehr so, wie sie wirklich ist.

»Alle Gedanken sind Lügen. Das einzig Wahre ist,
was sich ihrer bewusst ist.«
Meine Lehrerin

»Gewahrsein beobachtet, Denken beurteilt.«
Rupert Spira, aus: The Ashes of Love

Gedanken sind auch dafür verantwortlich, unsere Gefühle hervorzurufen, und diese Gefühle wiederum verursachen zusätzliche Gedanken. Wenn wir einen traurigen Gedanken haben, verursacht dies ein trauriges Gefühl, und das traurige Gefühl verursacht weitere traurige Gedanken. Am Ende betrachten wir das Leben durch einen Schleier der Traurigkeit, alles erscheint uns traurig und wir können gar nicht sehen, was *tatsächlich* auf der Welt passiert.

»Verstand ist Bewusstsein, das Grenzen angenommen hat. Du bist von Natur aus unbegrenzt und perfekt. Später nimmst du Grenzen an und wirst Verstand.«
Ramana Maharshi

Wenn Sie Ihren Geist nicht bewusst so programmiert haben, dass er positiv denkt, wird er ständig negative Gedanken aufwerfen, die Sie herabsetzen und einschränken: »Das hätte ich nicht tun sollen«, »Was habe ich mir nur gedacht?«, »Das war wirklich dumm«, »Mir läuft die Zeit davon«, »Das kann ich nicht«.

»Der Verstand ist alles: ›Nein!‹, ›Zu spät!‹, ›Zu früh!‹, ›Zu schnell!‹, ›Zu langsam!‹ Der Verstand hört nie auf.«
Meine Lehrerin

»Es ist nicht so, dass unser Denken schlecht ist. Das Problem ist seine Neigung, von selbst zu laufen, wie eine Maschine, von der wir nicht wissen, wie sie abzuschalten ist. Meistens merken wir nicht einmal, dass es läuft. Sein sich ständig wiederholender Inhalt ist wie die Musikberieselung im Aufzug, wir nehmen sie kaum wahr wie ein

Hintergrundrauschen, auf das man gar nicht achtet.
Weil das Denken uns überallhin begleitet, ist die
Versuchung, es ständig zu benutzen, überwältigend.
Es läuft einfach, weil es dies kann. Wie ein falsch angewandter
Hammer schlägt das überaktive Denken wahllos auf
alles, was in Sichtweite ist, und lässt keine Gelegenheit aus
zu urteilen, zu blockieren, zu deuten, sich zu identifizieren,
zu grübeln und eine Geschichte anzufangen.«
Jan Frazier, aus: The Freedom of Being

Ein Denken, das im Autopilot-Modus unterwegs ist, wird Ihnen auch ständig sagen, dass es in Ihrem Leben und auf der Welt einen Mangel gebe – einen Mangel an Geld, Mangel an Gesundheit, Mangel an Liebe, Mangel an Zeit, Mangel an Ressourcen – und dass nicht genug da sei, um damit auszukommen. Und wenn Sie es glauben, werden Sie es so erleben.

Glücklicherweise ist Ihr Denken auch ein großartiges Werkzeug. Ihre positiven Gedanken an das, was Sie wollen, können nicht nur Ihr Leben verändern, sondern Ihnen auch großes Glück und Freude bereiten. Würden Sie nur an das denken, was Sie wollten, wäre Ihr Leben unglaublich. Aber viele sind in dem Suchtmuster gefangen, negative Gedanken zu glauben. Es ist nötig, dass Sie sich aus dieser Schleife des negativen Denkens befreien – was ganz einfach durchzuführen ist: Ihr Gewahrsein wird Ihnen helfen, frei zu werden.

Glauben Sie nicht dem Unruhestifter

Es ist nichts verkehrt am Verstand; das Problem beginnt erst, wenn wir an seine negativen Gedanken glauben. Wenn Sie sich Sorgen machen, liegt es daran, dass Sie den besorgten Gedanken glauben. Wenn Sie Zweifel haben, liegt es daran, dass Sie den zweifelnden Gedanken glauben. Wenn Sie sich ängstlich, verärgert, entmutigt, erschreckt, enttäuscht, gereizt, ungeduldig, rachsüchtig, niedergeschlagen, hasserfüllt oder negativ fühlen, liegt es daran, dass Sie solchen Gedanken glauben! Und während Sie an diesen Emotionen festhalten, indem Sie weiterhin Ihren Gedanken glauben, wird Ihr Verstand Ihnen noch mehr von dieser Art liefern. Eine Niedergeschlagenheit wird zu mehr deprimierenden Gedanken führen und Ihnen einen deprimierenden Blick auf Menschen, Umstände und Ereignisse geben, was wiederum dazu führen wird, dass Sie sich noch deprimierter fühlen und es so weiter- und immer weitergeht.

»Das Denken ist so gerissen, so klug, dass es alles nach Belieben verzerrt.«
Jiddu Krishnamurti, aus: Einbruch in die Freiheit

Wenn wir den negativen Gedanken unseres Verstandes glauben, werden wir in seinen Gedankenfilm hineingezogen, und dann werden wir garantiert mehr Stress und Leiden erleben.

»Selbstverschuldetes Elend entsteht, wenn wir negativen Gedanken glauben.«
Meine Lehrerin

»Sie sind für alles verantwortlich, was Sie fühlen. Es sind Ihre Gefühle, es sind Ihre Gedanken. Sie schalten sie ein, Sie denken sie und niemand anderes – und Sie tun so, als hätten Sie das nicht im Griff? Sie drehen einen Wasserhahn in Ihrem Kopf auf und sagen: ›Oh, da macht mich jemand ganz nass.‹ Sie sind es, der den Wasserhahn aufdreht und sich nass macht. Ihre Ausrichtung sollte sein, die volle Verantwortung für das zu übernehmen, was Ihnen passiert. Wenn Sie sich die Fragen stellen: ›Was tue ich?‹, werden Sie sehen, dass Sie es selbst sind! Wenn Sie dann sehen, dass Sie sich selbst quälen, werden Sie sagen: ›Meine Güte, wie kann ich so dumm sein?‹ Und Sie werden damit aufhören. Anstatt sich selbst zu quälen, werden Sie sich glücklich machen.«
Lester Levenson, aus: Happiness Is Free, *Volumes 1–5*

Die Verantwortung für alles in unserem Leben zu übernehmen bedeutet auch, niemanden und nichts für etwas zu beschuldigen, das passiert ist. Und es bedeutet, uns nicht selbst die Schuld zu geben. Schuldzuweisungen sind nur ein weiteres Wiederholungsprogramm in unserem Kopf. Das wahre Ich beschuldigt niemals, das tut nur der Verstand.

Wenn Sie begreifen, dass Ihr *Verstand* die einzige Ursache für negative Urteile ist, und wenn Sie aufhören, seinen negativen Gedanken zu glauben, können Sie frei werden von den beschuldigenden und kritisierenden Denkweisen Ihres Geistes.

»Solange Sie glauben, dass die Ursache Ihres Problems
außen sei – solange Sie glauben, dass irgendjemand
oder irgendetwas für Ihr Leiden verantwortlich sei –,
bleibt die Situation hoffnungslos. Dies bedeutet, dass Sie
für immer in der Rolle des Opfers sind – und dass Sie
im Paradies leiden.«
Byron Katie, aus: Lieben was ist

Wenn wir Verantwortung für unser eigenes Leben übernehmen, lassen wir nicht länger zu, dass Ego und Verstand in unserem Namen die Rolle eines Opfers spielen.

»Kein Gedanke kann jemals das dominieren, was den Gedanken
wahrnimmt. Achte darauf, wie es sich anfühlt, dies zu erkennen.
Beachte, dass es sich frei anfühlt. Dies ist es, was die unbewusste
Identifikation mit Gedanken beendet. Damit wird die Kette
unterbrochen.«
Peter Dziuban, aus: Simply Notice

Es ist Gewahrsein, das Ihrer Gedanken gewahr ist, und es ist Gewahrsein, das Ihrer Emotionen gewahr ist. Wer sich aber aufregt, ist nicht das Gewahrsein, das *wahre* Ich; wer sich aufregt, ist Ihr Verstand. Wer wütend, verletzt, besorgt, ängstlich oder enttäuscht wird, ist nicht Ihr *wahres* Ich, sondern Ihr Verstand. Es fühlt sich nur wie Sie an, weil Sie glauben, dass Ihr Geist Sie sei und weil Sie seinen Gedanken glauben.

»Lass deine Gedanken wie einen Lauftext am unteren Rand des
Fernsehbildschirms vorbeiziehen. Wenn du deine Aufmerksamkeit
nicht auf den Text richtest, kannst du unbeeinträchtigt das ganze Bild
sehen.«
Kalyani Lawry

Die drei Gedanken des Geistes

Obwohl unser Geist – wie überhaupt alles – aus Gewahrsein entsteht, ist er keine Wesenheit oder eine reale Sache, obschon es gewiss diesen Anschein hat. Er ist einfach eine mechanische Aktivität oder ein mechanischer Vorgang, ganz wie ein Computerprogramm. Und genau wie ein Computerprogramm wiederholt er sich. Tatsächlich wiederholt er sich so sehr, dass er nur drei verschiedene Arten von Gedanken kennt.

»Der Geist misst, vergleicht und beschreibt. Diese drei Dinge sind alles, was der Verstand immer und immer wieder tut. Prüfe es selbst anhand von irgendetwas, das du sagst, oder irgendeines Gedankens, der auftaucht. Mit diesem Gedanken wird dein Verstand entweder etwas messen oder etwas vergleichen oder etwas beschreiben.«
Meine Lehrerin

Um etwas zu messen, verwendet Ihr Geist Gedanken wie die folgenden: »Es wird zwei Stunden dauern, um dorthin zu gelangen«, »Ich fahre in einer Woche in den Urlaub«, »Wie lange dauert es, bis meine Sendung eintrifft?«, »Ich habe zehn Pfund verloren«, »Ich habe nicht genug Geld«.

Ihr Verstand vergleicht mit Hilfe von Gedanken wie diesen: »Ein Geländewagen ist mir lieber als eine Limousine«, »Ich gehe gerne zu Fuß zur Arbeit, anstatt mit dem Bus zu fahren«, »Sie ist schlauer als ich und viel talentierter«, »Er wird mich mit seiner Beförderung überholen, das weiß ich«, »Sieh sie doch an. Ich wünschte, ich hätte ihre Figur«, »Er ist nicht der Mensch, der er früher war«.

Und Ihr Verstand beschreibt ständig Dinge, als ob Sie diese nicht sehen könnten. Aber Sie können sehr gut sehen, was in Ihrem Leben passiert, ohne dass Ihr Geist es ständig kommentiert; tatsächlich verhindert sein ununterbrochenes Geplapper, dass Sie die Welt so sehen, wie sie wirklich ist.

»Unsere Aufmerksamkeit beschäftigt sich hauptsächlich mit dem Denken. Wir tappen in die Falle unserer eigenen Interpretationen und verpassen die Fülle des Lebens.«
Kalyani Lawry

»Der Geist macht etwas aus allem, was uns begegnet. Dies ist sein Standardmodus geworden – so sehr, dass uns kaum in den Sinn kommt, dass es anders sein könnte, dass nämlich der Geist wirklich darauf verzichten könnte, aus allem, was uns begegnet, etwas zu machen.
Es kommt uns auch nicht in den Sinn, dass dieses Etwas-daraus-Machen, das den Geist so fasziniert, die eigentliche Ursache des Leidens ist. Wir denken doch immer, was Leiden verursacht, sei das, was im Leben geschieht.«
Jan Frazier, aus: Opening the Door

Wenn Ihr Verstand etwas beschreibt, erzählt er eine Geschichte. Es ist eine Interpretation der Welt und der Wirklichkeit – und es ist Fantasie. Viele dieser erfundenen Geschichten handeln von *Ihnen,* und wenn Sie sie glauben, können diese Geschichten nicht nur Stress und Leiden verursachen, sondern auch Ihr Leben stark beeinträchtigen. Wenn Sie eine negative Geschichte glauben, wird Ihr Leben zu dieser Geschichte! Ihr Verstand denkt sich eine negative Geschichte über Sie aus, Sie geben die Kraft des Glaubens hinzu, und dann projiziert Ihr Verstand sie in die Welt, damit Sie sie erleben können. Dies macht er mit Gedanken wie diesen:

»Ich bin überwältigt. Ich kann einfach nicht den Überblick behalten.«

»Ich bin nicht gut mit Geld. Es scheint mir zwischen den Fingern zu zerrinnen.«

»Diese Krankheit liegt in unserer Familie.«

»Ich habe ein großes Problem.«

»Ich komme nicht über dieses Trauma hinweg. Es wird mich den Rest meines Lebens beeinträchtigen.«

»Wir waren jahrelang zusammen, er war die Liebe meines Lebens. Deshalb werde ich nie über ihn hinwegkommen.«

Eine der größten Lügen, von denen unser Geist uns überzeugt hat, ist die Geschichte, dass wir ein Körper und ein Geist seien. Und weil wir es geglaubt haben, wurde es zu unserem Erleben. Wir fühlen uns verletzlich, ängstlich vor dem, was uns oder anderen zustoßen könnte, hilflos gegenüber Ereignissen und Umständen des Lebens. Als ob dies nicht genug wäre, sind viele von uns auch mit dem Glauben belastet, unser Leben sei zu Ende, wenn unser Körper stirbt. Paradoxerweise ist das wahre Ich – das unendliche Gewahrsein, das Sie wirklich sind – das genaue Gegenteil der Geschichte, die der Verstand Ihnen erzählt hat.

»Wenn wir betrachten, wie es gewöhnlich funktioniert, wacht der Mensch morgens auf, und einen Moment lang herrscht nur Stille. Dann erfolgt die Wiedereingliederung des Geistes, der nun aktiv wird und fragt: ›Was gibt es heute zu tun? Wie alt bin ich? Was sind meine Probleme? Wie kann ich verhindern, dass all diese Dinge schiefgehen?‹ Es kommt zu einer vollständigen Identifikation mit der Geschichte; du ziehst die Stiefel an und gehst wieder los.«
David Bingham, Conscious TV

Eine andere Geschichte, von der uns unser Verstand überzeugt hat, ist die Sache mit der Zeit. Zeit ist ein sehr praktisches Werkzeug, das uns allen ermöglicht, nach demselben Kalender und denselben Uhren zu arbeiten, damit wir unser Leben miteinander und mit allem, was auf der Welt geschieht, koordinieren können. Aber die Zeit ist relativ, wie Einstein herausfand; so etwas wie Zeit gibt es letztlich gar nicht. Zeit ist eine Illusion – ein mentales Konzept, das vom Geist erschaffen wurde.

»Wenn man versucht, sich die Zeit anzueignen, rutscht sie einem immer durch die Finger. Die Leute sind sich sicher, dass die Zeit da ist, aber sie bekommen sie nicht zu fassen. Ich habe das Gefühl, dass sie sie nicht in den Griff bekommen können, weil sie überhaupt nicht da ist.«
Julian Barbour, Physiker, in Adam Franks Buch About Time

Alles, was wirklich existiert, ist dieser gegenwärtige Moment, und was Sie auch versuchen, Sie werden kein Ereignis oder keinen Umstand finden können, der zu einem anderen Zeitpunkt als dem gegenwärtigen Moment geschehen ist.

Wenn Sie versuchen, sich eine Welt ohne Zeit vorzustellen, wird Ihnen dies nicht gelingen, weil Ihr Verstand eine solche Vorstellung nicht fassen kann. Ihr Verstand ist immer entweder in der Vergangenheit oder in der Zukunft; des gegenwärtigen Augenblicks ist er sich nicht bewusst. Wenn Sie innehalten und sich genau auf die Gegenwart besinnen, werden Sie feststellen, dass es da keinen Gedanken gibt. Dies ist einer der Gründe, warum der Verstand so viele von uns daran hindern konnte zu erkennen, wer wir wirklich sind, denn Gewahrsein ist nur in diesem gegenwärtigen Moment zu erkennen!

Wenn Sie nicht glauben, dass Ihr Geist Zeit erschafft, versuchen Sie, Zeit außerhalb Ihres Geistes zu finden.

»Versuche, Beweise für die Vergangenheit ohne Denken zu finden. Strenge dich an, so sehr du kannst, eine Vergangenheit außerhalb deines aktuellen Denkens an sie zu finden. Es ist unmöglich.«
Peter Dziuban, aus: Consciousness Is All *(Hörbuch)*

Jetzt versuchen Sie, die Zukunft ohne Denken zu finden. Geben Sie sich wirklich Mühe.

Es ist nicht möglich, Beweise für die Vergangenheit oder die Zukunft ohne Denken zu finden. Niemand war je im Stande, in die Vergangenheit oder in die Zukunft einzutreten. Wenn in der Vergangenheit etwas passiert ist, geschah es im gegenwärtigen Moment. Wenn etwas in der Zukunft passiert, wird es immer im gegenwärtigen Moment geschehen. Prüfen Sie es selbst. Gehen Sie in Ihren Erinnerungen zurück und denken Sie an die Zeit, als Sie als Kind zum ersten Mal Fahrrad gefahren sind. Als Sie tatsächlich Fahrrad gefahren sind – fuhren Sie es in der Vergangenheit? Oder saßen Sie im gegenwärtigen Moment auf dem Fahrrad? Als Sie heute Morgen aufgewacht sind, wachten Sie in der Vergangenheit auf oder im gegenwärtigen Moment?

»Vergangenheit und Zukunft können wir nicht erleben. Sie können nur gedanklich verarbeitet werden. Vergangenheit und Zukunft existieren nur in Form von Gedanken.«
Jan Frazier, aus: The Great Sweetening: Life After Thought

»Der einzige Beweis für die Vergangenheit der Erde sind Gestein und Fossilien. Dies sind jedoch lediglich stabile Strukturen in Gestalt einer Anordnung von Mineralien, die wir in der Gegenwart untersuchen. Der springende Punkt ist: Alles, was wir haben, sind diese Zeugnisse der Vergangenheit, und wir haben sie nur im Jetzt.«
Julian Barbour, Physiker, in Adam Franks Buch About Time

Als mir zum ersten Mal gesagt wurde, dass Zeit nicht existiere, wurde mein Verstand schier verrückt von allen möglichen Gedanken, die beweisen wollten, dass es Zeit gibt! Wie steht es etwa mit alten Gebäuden? Beweisen sie nicht, dass es eine Vergangenheit gibt? Aber als ich es wirklich untersuchte, stellte ich fest, dass die Gebäude, als sie errichtet wurden, im gegenwärtigen Moment gebaut wurden. Und falls ich vor einem alten Gebäude stehe und es betrachte, geschieht dies auch im gegenwärtigen Moment, und jeder, der dasselbe Gebäude betrachtet hat, tat dies auch im gegenwärtigen Moment. Als ich schließlich jeden Gedanken prüfte, der mir in den Sinn kam und beweisen sollte, dass Zeit real ist, erkannte ich, dass jeder von ihnen falsch war, denn es gibt nur den gegenwärtigen Moment.

»Ob es dir gefällt oder nicht: Du bist im Augenblick.
Es gibt nur einen Augenblick, er ist unendlich,
und du kannst nirgendwo anders sein als in ihm.«
Meine Lehrerin

»Das Jetzt ist kein Moment in der Zeit, irgendwie zwischen den beiden weiten Räumen von Vergangenheit und Zukunft. Dieses gegenwärtige Jetzt ist das einzige Jetzt, das es gibt –

das ewige Jetzt. Es ist nicht von irgendwoher gekommen und geht nirgendwohin.«
Rupert Spira, aus: The Ashes of Love

Wenn Sie sich der Möglichkeit öffnen können, dass Zeit eine Illusion ist, wird es Ihnen helfen, frei zu werden.

»Die Zukunft kommt nie. Denk daran: Die Zukunft kommt nie. Es gibt immer nur die Gegenwart. In der Gegenwart gibt es das Empfinden, das Leben nicht zu verpassen. Nirgendwohin gehen zu müssen, nichts erledigen zu müssen. Es ist die Gegenwart, in der es geschieht. Und es geschieht nirgendwo anders. Es geschieht todsicher nicht im Kopf, mit all den Fragen darüber, was vor uns liegt, und dem Nachdenken (und wiederholten Nachdenken) über etwas, das bereits gekommen und gegangen ist.«
Jan Frazier, aus: Opening the Door

»Die Vergangenheit besteht aus Erinnerung, die Zukunft aus Vorstellung. Keines von beiden besitzt irgendeine Existenz außerhalb des Reichs der Gedanken.«
Rupert Spira, aus: The Ashes of Love

Der Geist konzentriert seine Aufmerksamkeit ständig auf die Vergangenheit und die Zukunft, die beide nicht existieren, die uns aber gleichwohl Stress und Sorgen bereiten. Sie denken sich: »Ich komme zu spät zu unserem Treffen. Mein Chef und meine Arbeitskollegen werden wütend auf mich sein. Ich war schon letzte Woche spät dran. Ich könnte deshalb gefeuert werden.« Anstatt diese Gedanken als Tatsachen und Gewissheiten zu betrachten, sollten Sie sich bewusst sein, dass es sich lediglich um blasse Gedanken handelt. Es sind erfundene Geschichten. Aber wenn Sie Ihrem Verstand glauben, werden sie wahr.

Das Geschichtenerzählen ist nichts weiter als eines der mechanischen Programme des Geistes, und doch ist es ihm gelungen, die meisten von uns davon zu überzeugen, dass seine Geschichten wahr sind – die Geschichte, dass die Zeit real sei, die Geschichte, dass wir ein Körper und ein Geist seien, die Geschichte, dass wir eine separate Person seien, die geboren und sterben werde. In der Kombination spielen all diese Dinge eine Rolle bei der Konstruktion der Wirklichkeit, die wir erleben – aber sie sind alle im Kopf und daher nichts anderes als gedankliche Vorstellungen.

»Es sind nicht Sie, den Leute mögen oder nicht mögen; es sind deren Geschichten über Sie.«
Byron Katie, aus: Ich liebe was ist

Glauben Sie keine Geschichte, die Ihr Verstand Ihnen erzählt, wenn sie von etwas handelt, das Sie nicht wollen. Andernfalls werden Sie sich damit infizieren. Beobachten Sie die Mechanik Ihres Geistes und akzeptieren Sie keinen Gedanken und keine einzige Geschichte über Sie selbst, die etwas anderes als Perfektion und Güte ist, denn Perfektion und reine Güte sind die Tatsache dessen, was Sie *wirklich* sind!

Gewahrsein ist Ihr Ausweg

»Was ist ein Gedanke? Eine Energiebewegung. Was ist ein Gefühl? Eine Energiebewegung.«
Peter Lawry, aus dem Vortrag »Consciousness Unlimited«

Was Sie sind, unendliches Gewahrsein, kann niemals von Gedanken beeinflusst werden. Werden Sie also Ihrer Gedanken bewusst gewahr und betrachten Sie sie als das, was sie sind – nur Gedanken, nur Energie, die durch Sie hindurchzieht.

»Ein Gedanke ist wie ein fliegender Vogel. Lass den Vogel vorbeifliegen, ohne ihn zu analysieren. ›Wohin gehst du? Was für ein Vogel bist du? Wo ist deine Familie? Wie alt bist du?‹ Lass den Vogel einfach weiterfliegen.«
Meine Lehrerin

Sie müssen Ihren Verstand nicht eliminieren oder ihm den Krieg erklären. Wenn Sie es versuchen, verleihen Sie Ihrem Geist nur noch mehr Kraft. Gewahrsein ist Ihr Weg aus den Turbulenzen des Geistes. Machen Sie sich Ihre Gedanken bewusst, damit Sie ihnen nicht mehr glauben. Sie können sich nicht Ihrer Gedanken bewusst sein und ihnen gleichzeitig glauben, da das Gewahrsein Ihrer Gedanken Sie daran hindert, sich mit ihnen zu identifizieren, als wären sie wahr. Wenn Sie Ihre Gedanken beobachten, anstatt sich in ihnen zu verlieren, sehen Sie sie als das, was sie sind: etwas, an das Sie entweder glauben können oder nicht.

»Wer du bist, braucht keinen Gedanken, um zu hören. Braucht keinen Gedanken, um zu sehen. Braucht keinen Gedanken, um deinen Körper und deine Umgebung zu spüren. Wer du bist, ist frei von Gedanken. Gewahrsein ist Hören, Sehen, Spüren – alles ohne irgendeinen Gedanken.«
Meine Lehrerin

Denken Sie daran, Ihre Gedanken sind sich Ihrer nicht bewusst; vielmehr sind Sie das Gewahrsein, das Ihrer Gedanken gewahr ist.

»Wenn du bereit bist, wirklich zu betrachten, wie ernst du dich selbst nimmst, kann dein Geist anfangen, mit sich im Frieden zu sein, mit nur einer leichten warmen Brise, die durchweht. Das, was du für dich gehalten und an dem du festgehalten hast – deine Meinungen, deine Wünsche, deine Ängste, in die du investiert hast –, ist nun an den Rändern etwas verschwommen. Das Leben fühlt sich seltsam einfach an. Sogar freudig. Was geschieht … das geschieht eben. Du kannst damit leben, es ist wirklich und wahrlich in Ordnung. Keine Meinung dazu schwebt dir über den Radarschirm. In deinem Kopf ist es sehr still geworden. Du erkennst, wie schwer du gearbeitet hast, dein ganzes gut gemeintes Leben. Das LEBEN hat für dich gerade eben begonnen.«

Jan Frazier, aus: Opening the Door

KAPITEL 5 Zusammenfassung

- *Diese Angewohnheit, unsere eigenen Gedanken zu glauben, beraubt uns der Möglichkeit, in der Pracht und Herrlichkeit dessen zu leben, der wir wirklich sind.*
- *Ihre Gedanken über eine Person, einen Umstand oder ein Ereignis sind die Quelle negativer Situationen in Ihrem Leben, nicht jene Person, der Umstand oder das Ereignis.*
- *Das Denken wurde erschaffen, damit Sie bestellen können, was Sie wollen. Für irgendetwas anderes wird das Denken nicht benötigt, denn um alles andere kümmert sich das Gewahrsein.*
- *Ihr Geist ist nicht Ihr Gehirn. Ihr Gehirn denkt nicht. Gedanken kommen aus dem Geist.*
- *Ihr Geist besteht ausschließlich aus Gedanken. Wenn gerade kein Gedanke vorhanden ist, ist da auch kein Geist.*
- *Negative Gedanken sind die Ursache für unseren Stress und unser Leiden. Deshalb müssen wir uns der negativen Gedanken besonders bewusst werden.*
- *Wenn wir unsere Gedanken glauben, werden wir sofort in einen Fantasie-Gedankenfilm verwickelt, der in unserem Kopf spielt, und wir erleben die Welt nicht mehr so, wie sie wirklich ist.*
- *Gedanken sind auch dafür verantwortlich, unsere Gefühle hervorzurufen, und diese Gefühle wiederum verursachen mehr Gedanken.*
- *Es ist nichts verkehrt am Verstand; das Problem beginnt erst, wenn wir an seine negativen Gedanken glauben.*

- *Wer wütend, verletzt, besorgt, ängstlich oder enttäuscht wird, ist nicht Ihr wahres Ich, sondern Ihr Verstand.*

- *Der Geist hat nur drei verschiedene Arten von Gedanken. Der Geist misst, vergleicht und beschreibt.*

- *Eine der größten Lügen, von denen unser Geist uns überzeugt hat, ist die Geschichte, dass wir ein Körper und ein Geist seien.*

- *Eine andere Geschichte, von der uns unser Verstand überzeugt hat, ist die Sache mit der Zeit. Zeit ist eine Illusion – ein mentales Konzept, das vom Geist geschaffen wurde.*

- *Alles, was wirklich existiert, ist dieser gegenwärtige Moment. Vergangenheit und Zukunft existieren nur in Form von Gedanken.*

- *Sie müssen Ihren Verstand nicht eliminieren oder ihm den Krieg erklären. Gewahrsein ist Ihr Weg aus den Turbulenzen des Geistes.*

- *Wenn Sie Ihre Gedanken beobachten, anstatt sich in ihnen zu verlieren, sehen Sie sie als das, was sie sind: etwas, an das Sie entweder glauben können oder nicht.*

KAPITEL 6

Die Macht der Gefühle verstehen

Es ist möglich, Ihr Leben zu führen, ohne jemals wieder von negativen Gefühlen geplagt zu werden. Wenn Sie aus dem Gewahrsein leben, das Sie sind, werden sich negative Gefühle nicht so auf Sie auswirken, wie sie es jetzt tun. Das wahre Ich ist reines Glück, zu jeder Zeit und unter allen Bedingungen. Es fällt vielleicht schwer, sich vorzustellen, dass Sie negativen Gefühlen, die Sie beeinträchtigen, ein Ende setzen können, aber Sie werden selbst entdecken, dass es möglich ist.

»Negative Gefühle sind destruktiv. Was wir sind, ist konstruktiv.«
Meine Lehrerin

Durch das Praktizieren der in diesem Buch beschriebenen Methoden leide ich nicht mehr unter extrem negativen Gefühlen. Wenn ein negatives Gefühl auftaucht, ist es eher mild, ich bemerke es sofort und es löst sich augenblicklich auf. Früher wurde ich von negativen Gefühlen umhergeworfen, als wäre ich gerade ins Zentrum eines Wirbelsturms geraten. Aber nachdem ich *das Geheimnis* entdeckt hatte, wurde mir intensiv bewusst, wie ich mich von einem Moment zum nächsten fühle. Und wenn Sie wissen, wie Sie sich fühlen, ist es, wie Sie selbst feststellen werden, nur ein weiterer einfacher Schritt, um negative Gefühle endgültig aufzulösen. Wenn Sie frei von allen negativen Gefühlen sind, bleibt das unendliche Gewahrsein, das Sie sind, und Ihr Leben wird absolut atemberaubend sein.

»Sobald Sie erkennen, wie mühelos die beste Lebensweise ist, bedarf es enormer Anstrengung, um das Gegenteil anzunehmen.«
Lester Levenson

Zu verstehen, was Gefühle wirklich sind, hilft Ihnen, deren Macht zu schwächen.

Gefühle (und Gedanken und Empfindungen) sind einfach eine Bewegung der Energie. Energie schwingt, das heißt auch Gefühle und Gedanken sind Schwingungen. Unterschiedliche Gefühle schwingen mit unterschiedlichen Frequenzen. Gute Gefühle schwingen mit höheren Frequenzen; sie sind sehr heilsam für den Körper und wirken sich positiv auf die Umstände Ihres Lebens aus. Ihre positiven Gefühle wiederum sind auch allen anderen Wesen und dem Planeten insgesamt zuträglich. Negative Gefühle schwingen mit niedrigeren Frequenzen und sind schädlich für den Körper, Ihre Lebensumstände, andere Wesen und den Planeten. Doch woher kommen Gefühle überhaupt?

Gedanken erzeugen Gefühle. Die Art Ihrer Gedanken wird Gefühle entsprechender Art erzeugen. Wenn Sie glückliche Gedanken gehegt haben, fühlen Sie sich glücklich. Und wenn Sie sich erst einmal glücklich fühlen, ist es nicht möglich, gleichzeitig wütende Gedanken zu haben. Glückliche Gedanken verursachen glückliche Gefühle, die wiederum weitere glückliche Gedanken hervorrufen. Andererseits, wenn Sie sich wütend fühlen, rührt dieses Gefühl daher, dass Sie wütende Gedanken hatten. Gedanken und Gefühle stimmen immer überein; Gedanken und Gefühle sind zwei Seiten einer Medaille.

Wenn es zu einer Situation gekommen ist, in der Sie sich von negativen Gedanken und Gefühlen übermannen ließen, werden Sie wahrscheinlich erleben, dass an diesem Tag eine Sache nach der anderen schiefgeht. Wenn Sie sich jedoch wohlfühlen, wird an diesem Tag eine gute Sache nach der anderen folgen. Was Sie in sich fühlen, passt genau zu dem, was Sie in der Welt um Sie herum erleben.

»Nun aber wissen Sie, dass nichts von außen ins Dasein kommt und dass alles seinen Ursprung darin hat, dass wir es im Inneren denken und fühlen.«
aus: The Secret – Das Geheimnis

Positive Gefühle

Haben Sie bemerkt, dass alle guten Gefühle null Anstrengung erfordern? Wenn Sie sich wohlfühlen, fühlen Sie sich federleicht und so, als hätten Sie einen unbegrenzten Energievorrat. Wenn Sie ein Gespür dafür entwickeln, wie Sie sich fühlen, werden Sie die positive Wirkung wahrnehmen, die diese guten Gefühle auf Ihren Körper und Geist haben.

Sich wohlzufühlen bedeutet nicht, dass Sie wie eine Cheerleaderin bei einem Footballspiel vor Aufregung auf und ab springen. Sie würden zweifellos die Erfahrung machen, dass Sie all Ihre Energie verbrauchten, wenn Sie allzu aufgedreht wären, und anschließend erschöpft.

Sich wohlzufühlen ist, wie man sich am Ende eines langen Tages fühlt, der wirklich gut verlaufen ist, oder wenn Sie im Urlaub entspannt sind oder wenn Sie hart trainiert, geduscht und sich dann hingesetzt haben, um das Abendessen oder Ihre Lieblingssendung zu genießen. Sie fühlen sich entspannt. Sie fühlen sich erleichtert. Sie lassen los und empfinden Zufriedenheit und Glück. Sie kennen solche Gelegenheiten, bei denen Sie sagen: »Ah, das ist schön.« So fühlt sich ein Wohlgefühl an. Könnten Sie Ihren angestrengten Griff im Leben loslassen, würden Sie sich automatisch so wohlfühlen, denn dieses Wohlgefühl entspricht Ihrer wahren Natur. Jedes Mal, wenn Sie sich wohlfühlen, bedeutet dies tatsächlich, dass Sie schlechte Gefühle losgelassen haben müssen, damit gute Gefühle ganz natürlich zutage treten können.

»Gute Gefühle muss man genießen. Sie sind Ausdruck der Freude und bringen uns zurück zur Freude, die unsere wahre Natur ist. Genieße es einfach; sei eins mit ihnen.«
Francis Lucille, aus: The Perfume of Silence

Positive und gute Gefühle sind das Ergebnis, wenn Sie »Ja« zu dem sagen, was im Leben geschieht. Positive Gefühle kommen von Ihrem »Ja, das will ich«, »Ja, das wäre schön«, »Ja, das ist gut«, »Ja, das liebe ich« oder »Ja, das klingt großartig«.

Es gibt kein Problem mit positiven oder guten Gefühlen. Glück und gute Gefühle kommen schließlich vom Gewahrsein. Genießen Sie gute Gefühle, nutzen Sie sie und verlieben Sie sich in sie.

Negative Gefühle

Negative Gefühle entstehen, wenn Sie »Nein!« denken oder sagen zu oder über etwas, das gerade geschieht. Negative Gefühle kommen von »Nein, das will ich nicht!« Es könnte etwas Verletzendes sein, das eine Person gesagt oder getan hat; jemand, der nicht Ihrer Meinung ist; ein Umstand, ob groß oder klein, der sich nicht so entfaltete, wie Sie es wollten, z. B. ein Streitgespräch, eine Verspätung, ein Gesundheitsproblem, das Zerbrechen einer Beziehung, steigende Schulden, Verlust des Mobiltelefons, dichter Verkehr, verspätete Lieferungen, Artikel nicht vorrätig, das Wetter zu heiß oder zu kalt, Probleme mit Behörden, verspätete oder stornierte Flüge, keine Parkplätze oder lange Schlangen im Supermarkt, in der Bank oder am Flughafen.

Wenn Sie denken oder sagen: »Nein! Ich will das nicht!«, erzeugt dies sofort Widerstand in Ihnen, und es ist dieser Widerstand, der die schlechten Gefühle hervorruft. Als ob es nicht schon genug wäre, dass wir uns gegen eine Situation sträuben, gehen wir weiter und wehren uns auch gegen die schlechten Gefühle. Wir fühlen uns noch schlechter, gefangen in einem Netz von schlechten Gefühlen, die nicht wirklich von irgendetwas in der Außenwelt verursacht werden, sondern von unseren eigenen Reaktionen. Unser Widerstand gegen das, was geschieht, und unsere negativen Gefühle halten nicht nur die Situation fest, die wir nicht wollen, sondern entziehen unserem Körper auch Energie und beeinträchtigen sogar unser Immunsystem!

»Sich wegen irgendetwas traurig zu fühlen heißt, daran festzuhalten. Sagen Sie: ›Dies ist etwas, das ich loslassen muss‹, und Sie werden sich sofort besser fühlen.«
Lester Levenson, aus: Happiness Is Free, *Volumes 1–5*

Positive Gefühle sind völlig mühelos, denn sie sind die wahre Natur des Gewahrseins. Wir bestehen aus positiven Gefühlen; wir bestehen aus Freude, Glück und Liebe. Negative Gefühle aufrechtzuerhalten erfordert eine enorme Menge an Energie; deshalb sind wir erschöpft, wenn wir tagsüber Energie verlieren. Ein Anfall negativer Emotionen – zum Beispiel wenn wir die Beherrschung verlieren – wird uns plattmachen, weil es uns so viel Mühe und Energie kostet, sie aufzubauen und aufrechtzuerhalten. Es erfordert Anstrengung, weil es nicht das ist, was wir sind. Wann immer wir negative Gefühle verspüren, kämpfen wir gerade gegen das, was wir sind.

»Das Ich aufrechtzuerhalten kostet sehr viel Energie.«
Peter Lawry

»Man braucht viel Energie, um eine Person zu sein. Es braucht keine Energie, du selbst zu sein.«
Mooji

»Nachdem Sie Ihr Ego losgelassen haben, fühlen Sie auf natürliche Weise den Frieden und die Freude Ihres Selbst.«
Lester Levenson, aus: Happiness Is Free, *Volumes 1–5*

Positive, gute Gefühle treten ganz natürlich auf, wenn keine negativen Gefühle vorhanden sind. Sie brauchen sich nicht anzustrengen, um positive Gefühle zu haben. Sie brauchen nichts weiter zu tun, als schlechte Gefühle loszulassen, dann fühlen Sie sich natürlich glücklich und wirklich wohl.

»Liebe ist mühelos, Hass erfordert viel Mühe.«
Lester Levenson, aus: Happiness Is Free, *Volumes 1–5*

Unterdrückte Gefühle

»Ein Großteil der emotionalen Belastung, die du heute trägst, begann als verdrängtes Gefühl.«
Jan Frazier, aus: The Freedom of Being

Seit unserer Kindheit haben wir unbewusst unzählige schlechte Gefühle unterdrückt, die jetzt in unserem Unterbewusstsein gespeichert sind. Die schlechten Gefühle bleiben im Unterbewusstsein verborgen und schwächen unsere Energie und unser Leben. All diese Energie ist im Körper gefangen. Diese gefangene Energie richtet ein Chaos in der Gesundheit des Körpers und den Umständen unseres Lebens an.

Schlechte oder negative Gefühle sind die einzigen Gefühle, die wir unterdrücken und verbergen, somit sind unterdrückte Gefühle und negative Gefühle tatsächlich dasselbe. Die Wut, die Sie fühlen, wenn Sie wütend werden, ist dieselbe unterdrückte Wut, die tief aus Ihrem Inneren kommt.

Darüber hinaus sind unterdrückte negative Gefühle mit vielen negativen Gedanken verbunden. Das sind die Gedanken, die uns in erster Linie ein schlechtes Gefühl gegeben haben, sowie alle Gedanken, die wir seitdem hatten und die mit dem negativen Gefühl verbunden sind. Die Gedanken, die mit dem unterdrückten negativen Gefühl verbunden sind, halten uns im

Geist gefangen, indem sie sich ständig selbst recyceln; sie beeinträchtigen und hindern uns daran, unser wahres Selbst zu erkennen.

Babys und Kinder unter etwa drei Jahren unterdrücken Emotionen nicht, weil sie von Natur aus in ihrer wahren Natur des Gewahrseins leben; Emotionen leben sie automatisch aus. Aus diesem Grund sieht man Babys und Kleinkinder in Sekundenschnelle von Tränen zu Lächeln und Lachen wechseln. Sie wehren sich gegen keine Emotion.

»Wenn wir als Erwachsene gelten, sind wir bereits so gut im Unterdrücken, dass es die meiste Zeit völlig selbstverständlich ist. Wir sind so gut oder noch besser im Unterdrücken, wie wir ursprünglich im Loslassen waren. Tatsächlich haben wir so viel von unserer emotionalen Energie unterdrückt, dass wir alle ein wenig wie wandelnde Zeitbomben sind. Oft wissen wir nicht einmal, dass wir unsere wahren emotionalen Reaktionen unterdrückt haben, bis es zu spät ist: Unser Körper zeigt Anzeichen von stressbedingten Erkrankungen, unsere Schultern haben wir bis zu den Ohren hochgezogen, unser Magen ist verknotet – oder wir sind explodiert und haben etwas gesagt oder getan, was wir jetzt bedauern.«
Hale Dwoskin, aus: Die Sedona-Methode

Wenn Sie ein negatives Erlebnis haben, das schlechte Gefühle hervorruft, und die schlechten Gefühle nicht komplett loslassen, dann werden sie in Ihr Inneres abgeschoben und unterdrückt.

Selbst wenn Sie denken, dass Sie etwas losgeworden sind oder dass die Situation, die Sie verärgert hat, aufgelöst wurde, bleibt es unterdrückt in Ihrem Unterbewusstsein bei Ihnen, wenn Sie das negative Gefühl nicht ausdrücklich loslassen.

»Die Äußerung negativer Gefühle lässt uns gerade genug inneren Druck abgeben, sodass der Rest unterdrückt werden kann. Diesen sehr wichtigen Punkt muss man verstehen, denn viele Menschen in der heutigen

Gesellschaft glauben, dass die Äußerung ihrer Gefühle sie von den Gefühlen befreie. Das Gegenteil ist der Fall.«
Dr. David R. Hawkins, aus: Loslassen

Dampf ablassen oder ausleben ist also nicht die Antwort. Es wird unserer bereits unterdrückten Emotion nur noch mehr Energie zuführen, weil auch zum Ausdruck gebrachte Gefühle verdrängt werden.

Manchmal unterdrücken wir unsere schlechten Gefühle auch *absichtlich,* und sie werden ebenfalls ins Unterbewusstsein verdrängt. Wir unterdrücken unsere Emotionen wissentlich, wenn wir Gefühle beiseiteschieben, mit denen wir uns unwohl fühlen wie Trauer und Traurigkeit, oder wenn wir Emotionen wie Wut unterdrücken.

»Unterdrücken bedeutet, unsere Emotionen zu deckeln, sie zurück nach unten zu schieben, sie zu leugnen, sie zu verdrängen und vorzugeben, dass sie nicht existierten. Jede Emotion, die uns bewusst wird und die wir nicht loslassen, wird automatisch in einem Teil unseres Geistes gespeichert, den wir Unterbewusstsein nennen. Ein großer Teil unserer Unterdrückung von Emotionen besteht darin, dass wir vor ihnen fliehen.«
Hale Dwoskin, aus: Die Sedona-Methode

Stellen Sie sich vor, Sie erleben eine Enttäuschung mit einem Familienmitglied oder Freund. Sie sind der Meinung, dass die Person Sie im Stich gelassen hat, und nun sind Sie enttäuscht. Sie unterdrücken dieses Gefühl der Enttäuschung, und der Druck der gefangenen emotionalen Energie baut sich auf, bis ein Teil davon freigesetzt werden muss. Die unterdrückte Enttäuschung muss einen Ausgang finden, um etwas Druck aus dem Körper abzulassen, und so wird sie Menschen, Umstände oder Ereignisse finden, die Sie enttäuschen, sodass ein Teil der angestauten Energie freigesetzt werden kann. Dies gilt für jedes negative Gefühl, das Sie jemals unterdrückt haben, und die meisten von uns haben die ganze Bandbreite negativer Gefühle unterdrückt. Wenn Sie es gefühlt haben, haben Sie es unterdrückt.

Wenn Sie sich jemals verärgert fühlen, wissen Sie, dass Sie bereits unterdrückte Verärgerung in sich tragen. Wäre dies nicht der Fall, könnten Sie sich über nichts ärgern. Jedes Mal, wenn Sie sich verärgert fühlen, spüren Sie den ursprünglichen Ärger, den Sie gefühlt und unterdrückt haben und der jetzt hervorkommt. Das ist bei jedem negativen Gefühl so, sei es Wut, Frustration, Gereiztheit, Rache, Hass, Depression, Trauer, Verzweiflung, Eifersucht, Schuld, Scham, Ungeduld, Ernüchterung, Enttäuschung, Verschlimmerung oder Überforderung. Leider haben wir als Kinder viele negative Gefühle unterdrückt, weil sie zu verletzend waren, als dass wir in unserer Unschuld damit hätten umgehen können, und dann wurde es im Laufe des Lebens zur Gewohnheit, unsere Gefühle wegzuschieben, anstatt sie sein zu lassen. Wir haben wahrscheinlich alle ein Leben lang schlechte Gefühle unterdrückt oder verdrängt.

Ihr Verstand wird die wahre Ursache eines schlechten Gefühls vertuschen, indem er Ihnen eine Projektion vorgaukelt, um Sie davon zu überzeugen, dass Ihr Gefühl durch etwas von außen in der Welt verursacht wurde.

»[Der Verstand] beschuldigt Ereignisse oder andere Menschen, ein Gefühl ›verursacht‹ zu haben, und sieht sich selbst als hilfloses unschuldiges Opfer äußerer Ursachen. ›Sie haben mich wütend gemacht‹, ›Er hat mich geärgert‹, ›Es hat mich erschreckt‹, ›Die Ereignisse in der Welt sind die Ursache meiner Angst.‹ Tatsächlich ist es genau das Gegenteil. Die unterdrückten und verdrängten Gefühle suchen einen Ausgang und nutzen die Ereignisse als Auslöser und Ausreden, um sich Luft zu verschaffen. Wir sind wie Schnellkochtöpfe bereit, Dampf abzulassen, wenn sich die Gelegenheit ergibt. Unsere Auslöser sind bereit und können jederzeit losgehen. In der Verhaltensforschung wird dieser Mechanismus als Übersprungshandlung bezeichnet. Weil wir verärgert sind, ›ärgern‹ uns die Ereignisse.«

Dr. David R. Hawkins, aus: Loslassen

Fühlen Sie sich nicht genau wie ein Schnellkochtopf, wenn ein schlechtes Gefühl wie Wut Sie sehr rasch und stark erfasst? Wenn Sie Menschen kennen, die unter häufigem Ärger leiden, bedeutet dies, dass sie schon viel Ärger unterdrückt haben, höchstwahrscheinlich in den früheren Jahren ihres Lebens. Sie sind sich auch sicher, dass es andere Menschen oder Umstände sind, die einen Anfall ihres Zorns auslösen; definitiv aber ist ihr unterdrückter Zorn die einzige Ursache.

»Die eigentliche Quelle von ›Stress‹ ist tatsächlich innen; sie liegt nicht im Äußeren, wie die Leute gerne glauben würden. Die Bereitschaft, mit Angst zu reagieren, hängt zum Beispiel davon ab, wie viel Angst bereits im Inneren vorhanden ist, um durch einen Reiz ausgelöst zu werden. Je mehr Angst wir in uns haben, desto mehr verändert sich unsere Wahrnehmung der Welt in eine ängstliche, vorsichtige Erwartung. Für den ängstlichen Menschen ist diese Welt ein schrecklicher Ort. Für den wütenden Menschen ist diese Welt ein Chaos aus Frustration und Verdruss. Für den Schuldigen ist es eine Welt der Versuchung und Sünde, die sie überall sehen. Was wir in uns tragen, färbt unsere Welt. Wenn wir die Schuld loslassen, werden wir Unschuld sehen; ein schuldbeladener Mensch wird nur das Böse sehen.«
Dr. David R. Hawkins, aus: Loslassen

Wenn Sie das nächste Mal erleben, dass ein negatives Gefühl Sie überrollt, denken Sie daran, dass Sie es, egal wie es Ihnen vorkommt, erleben, weil es *bereits in Ihnen* ist – nicht weil es von einem Menschen oder Umstand außerhalb verursacht wurde.

Man sollte meinen, wir hätten dies nun geklärt, nicht wahr? Schließlich zeigt uns unsere Erfahrung, dass negative Gefühle aus unserem Körperinneren aufsteigen. Keiner von uns ist jemals eine Straße entlanggegangen und musste negativen Gefühlen ausweichen, die auf uns zuflogen! Sie werden niemals ein negatives Gefühl außerhalb Ihres Körpers oder des Körpers eines anderen finden. Unsere *Reaktion* auf eine Person oder ein Ereignis ist die Ursache für negative Gefühle, nicht die tatsächliche Person oder das Ereignis.

Liebling, ich habe mich selbst geschrumpft

Negative Gefühle erhalten noch mehr Energie, wenn wir glauben, ein negatives Gefühl sei, wer wir sind. Wie könnten wir ein Gefühl sein? Wenn wir uns jedoch mit einem Gefühl identifizieren, bedeutet dies, dass wir unser unendliches Selbst kleingeschrumpft haben, weil wir uns von einem winzig kleinen Gefühl beherrschen lassen.

»Gedanken und Emotionen scheinen mächtig zu sein, weil wir ihnen Energie geben. Wenn wir sie selbstständig ansteigen und fallen lassen, machen sie einfach weiter.«
Kalyani Lawry

»Es ist nicht wahr, wenn man sagt: ›Ich bin traurig.‹ Wir sollten stattdessen sagen: ›In diesem Moment fließt ein Gefühl der Traurigkeit durch mich.‹ Wenn wir das Gefühl der Traurigkeit einfach fließen lassen, beziehen wir automatisch und unwissentlich eine klare Haltung zu dem, was nicht fließt.«
Francis Lucille, aus: The Perfume of Silence

Fragen Sie sich: Sind Sie das Gefühl der Traurigkeit oder sind Sie derjenige, der sich der Traurigkeit bewusst ist? *Sie sind derjenige, der sich der Traurigkeit bewusst ist.* Waren Sie bereits da, bevor die Traurigkeit kam? *Ich bin mir ziemlich sicher, dass Sie es waren.* Werden Sie noch bleiben, nachdem die Traurigkeit vergangen ist? *Ich hoffe, Sie werden noch hier sein.* Werden Sie ein wenig von sich verlieren, wenn die Traurigkeit vergeht? *Ich hoffe, gewiss nicht.*

Ja, Sie waren bereits da, bevor die Traurigkeit kam, und ja, Sie sind hier, völlig intakt, nachdem sie gegangen ist, weil Sie nicht Traurigkeit sind. Traurigkeit ist etwas, dessen Sie *gewahr* sind. Sie ist überhaupt nicht, wer Sie sind. Lassen Sie nicht zu, dass ein Gefühl Sie auf die Größe einer Erbse verkleinert, wenn Sie das unendliche Wesen sind, welches das Universum an Ort und Stelle hält!

»Hören Sie auf, so klein zu handeln. Sie sind das Universum
in ekstatischer Bewegung.«
Rumi

Meine Lehrerin empfahl mir, *jedes* negative Gefühl in Frage zu stellen:

»Bin ich das, oder bin ich derjenige, der sich dessen bewusst ist?«

Diese Frage nimmt dem Gefühl sofort den größten Teil seiner Macht, denn sie hält Sie davon ab, sich mit ihm zu identifizieren.

»Sieh Gedanken und Gefühle wie einen Zug,
der in einen Bahnhof einfährt und ihn dann wieder
verlässt. Sei wie der Bahnhof, nicht wie ein Passagier.«
Rupert Spira, aus: The Ashes of Love

Beachten Sie, dass Gefühle auftauchen und dann wieder verschwinden. Und dass Sie es sind, als Gewahrsein, der wahrnimmt, wenn sie kommen und gehen.

»Negative Gefühle sind in Ihnen, nicht in der Realität. Identifizieren Sie sich niemals mit diesem Gefühl. Es hat nichts mit dem Ich zu tun. Definieren Sie Ihr essentielles Selbst nicht in Bezug auf dieses Gefühl. Sagen Sie nicht: ›Ich bin depressiv.‹ Wenn Sie sagen möchten: ›Es ist depressiv‹, ist das in Ordnung. Wenn Sie sagen möchten: ›Depression ist da‹, ist das in Ordnung. Wenn Sie sagen möchten: ›Trübsal ist da‹, ist das in Ordnung. Aber sagen Sie nicht: ›Ich bin bedrückt.‹ Damit definieren Sie sich nach dieser Stimmung. Das ist Ihre Illusion, das ist Ihr Fehler. Da ist gerade eine Depression, da sind gerade verletzte Gefühle, aber lassen Sie sie sein, lassen Sie sie in Ruhe. Sie werden vergehen. Alles geht vorüber, alles.«

Anthony de Mello, S. J., aus: Awareness. Conversations with The Masters

»Sage deinem Verstand: ›Sei so genervt oder depressiv, wie du willst. Ich werde dich immer nur beobachten oder ignorieren, aber ich werde mich dir nicht anschließen.‹«
Mooji

Es ist innere Arbeit

»Stellen Sie sich einen Patienten vor, der zum Arzt geht und ihm sagt, woran er leidet. Der Arzt sagt: ›Sehr gut, ich habe Ihre Symptome verstanden. Wissen Sie, was ich tun werde? Ich werde ein Rezept für Ihren Nachbarn ausstellen!‹ Der Patient antwortet: ›Vielen Dank, Herr Doktor, damit fühle ich mich schon viel besser.‹ Ist das nicht absurd? Aber das machen wir alle. Die Person, die schläft, denkt immer, sie werde sich besser fühlen, wenn sich jemand anderes ändert. Sie leiden, weil Sie schlafen, aber Sie denken: ›Wie wunderbar wäre das Leben, wenn sich jemand anderes ändern würde. Wie schön wäre das Leben, wenn sich mein Nachbar, meine Frau, mein Chef ändern würde.«
Anthony de Mello, S. J., aus: Awareness. Conversations with The Masters

Erwarten Sie nicht, dass sich Menschen, Umstände und Ereignisse ändern, damit Sie sich besser fühlen; keiner von ihnen wird dies jemals tun. Wenn Sie darauf warten, dass sich die Welt entsprechend Ihren Wünschen oder Erwartungen ändert, werden Sie selbst niemals glücklich sein. Zu ändern, wie Sie sich in einem bestimmten Moment fühlen, bedeutet immer eine innere Arbeit.

»Wir verbringen all unsere Zeit und Energie damit, die äußeren Umstände zu ändern und unsere Ehepartner, unsere Chefs, unsere Freunde, unsere Feinde und alle anderen zu ändern. Wir müssen nichts ändern. Negative Gefühle sind in Ihnen. Kein Mensch

auf der Welt hat die Macht, Sie unglücklich zu machen … Doch dies hat Ihnen keiner gesagt; man hat Ihnen das Gegenteil gesagt.«
Anthony de Mello, S. J., aus: Awareness. Conversations with The Masters

Negative Gefühle sind selbstverschuldet. Wir sind es selbst, die unseren Stress und unseren Ärger verursachen, so gerne wir vielleicht denken möchten, dass unser Stress und Ärger uns von der Welt um uns herum angetan werden.

»Das Handeln anderer besitzt nicht die Macht, dir Frieden zu gewähren oder dir den Frieden zu nehmen.«
Jac O'Keeffe

»Kein Ereignis rechtfertigt ein negatives Gefühl. Es gibt keine Situation auf der Welt, die ein negatives Gefühl rechtfertigt. Alle unsere Mystiker haben sich heiser geschrien, um uns das zu sagen. Aber niemand hört auf sie. Das negative Gefühl ist in Ihnen.«
Anthony de Mello, S. J., aus: Awareness. Conversations with The Masters

Es ist eine *gute Nachricht,* dass wir uns negative Gefühle selbst antun, denn dies bedeutet, dass wir selbst die Macht haben, damit aufzuhören! Und wenn wir genug unter diesen schlechten Gefühlen gelitten haben, wollen wir einen Ausweg finden. Nichts lehrt uns besser, nach einem Ausweg zu suchen, als Unglück und Elend. Und noch besser ist: Es gibt eine einfache Möglichkeit, schlechte Gefühle zu beenden – ein für alle Mal.

KAPITEL 6 Zusammenfassung

- *Wenn Sie frei von allen negativen Gefühlen sind, bleibt das unendliche Gewahrsein, das Sie sind, und Ihr Leben wird absolut atemberaubend sein.*

- *Gedanken erzeugen Gefühle. Die Art Ihrer Gedanken wird Gefühle entsprechender Art erzeugen.*

- *Was Sie in sich fühlen, passt genau zu dem, was Sie in der Welt um sich herum erleben.*

- *Sich wohlzufühlen entspricht Ihrer wahren Natur. Jedes Mal, wenn Sie sich wohlfühlen, bedeutet dies, dass Sie schlechte Gefühle losgelassen haben müssen, damit gute Gefühle ganz natürlich zutage treten können.*

- *Positive und gute Gefühle sind das Ergebnis, wenn Sie »Ja« zu dem sagen, was im Leben geschieht. Negative Gefühle entstehen, wenn Sie »Nein!« über das denken oder sagen, was im Leben geschieht.*

- *Positive Gefühle sind völlig mühelos, denn sie sind unsere wahre Natur. Negative Gefühle aufrechtzuerhalten, erfordert eine enorme Menge an Energie.*

- *Seit unserer Kindheit haben wir unbewusst unzählige schlechte Gefühle unterdrückt, die jetzt in unserem Unterbewusstsein gespeichert sind.*

- *Wenn Sie ein negatives Erlebnis haben, das schlechte Gefühle hervorruft, und die schlechten Gefühle nicht komplett loslassen, dann werden sie in Ihr Inneres abgeschoben und unterdrückt.*

- *Dampf ablassen oder ausleben ist also nicht die Antwort. Es wird unserer bereits unterdrückten Emotion nur noch mehr Energie zuführen, weil auch zum Ausdruck gebrachte Gefühle verdrängt werden.*

- *Ein unterdrücktes Gefühl muss einen Ausgang finden, um etwas Druck aus dem Körper abzulassen, und so wird es Menschen, Umstände oder Ereignisse finden, die es ermöglichen, dass ein Teil der angestauten Energie freigesetzt werden kann.*

- *Wenn Sie das nächste Mal erleben, dass ein negatives Gefühl Sie überrollt, denken Sie daran, dass Sie es, egal wie es Ihnen vorkommt, erleben, weil es bereits in Ihnen ist – nicht weil es von einem Menschen oder Umstand außerhalb verursacht wurde.*

- *Negative Gefühle erhalten noch mehr Energie, wenn wir glauben, ein negatives Gefühl sei, wer wir sind.*

- *Stellen Sie jedes negative Gefühl in Frage: »Bin ich das, oder bin ich derjenige, der sich dessen bewusst ist?«*

- *Beachten Sie, dass Gefühle auftauchen und wieder verschwinden. Und dass Sie es sind, als Gewahrsein, der wahrnimmt, wenn sie kommen und gehen.*

- *Erwarten Sie nicht, dass sich Menschen, Umstände und Ereignisse ändern, damit Sie sich besser fühlen. Zu ändern, wie Sie sich in einem bestimmten Moment fühlen, bedeutet immer innere Arbeit.*

KAPITEL 7

DAS ENDE DER NEGATIVEN GEFÜHLE

»Das Einzige, was zwischen dir und dem steht, was du bist, ist ein Gedanke oder ein Gefühl. Es ist ganz einfach.«
Meine Lehrerin

Glück ist Ihr natürlicher Zustand. Wenn Sie sich also gerade nicht glücklich fühlen, haben Sie ein negatives Gefühl, das jenes Glück davon abhält, in Ihnen präsent zu sein. Dieses Kapitel enthält verschiedene Methoden, mit deren Hilfe Sie negative Gefühle beenden können, die Sie in ihre Wiederholungsschleife verwickelt haben. Wenn Sie schließlich frei von ihnen sind, werden Sie Ihr Leben in Ihrem natürlichen Zustand der Freude und des Glücks führen – ein Leben, das spektakulärer ist als alles, was Sie bisher gelebt haben.

»Als Erstes müssen Sie mit negativen Gefühlen in Kontakt treten, derer Sie sich nicht einmal bewusst sind. Viele Menschen haben negative Gefühle, derer Sie sich nicht bewusst sind. Viele Menschen sind zum Beispiel deprimiert und merken nicht, dass sie deprimiert sind. Erst wenn sie der Freude begegnen, wird ihnen klar, wie niedergeschlagen sie waren. Das Erste, was Sie brauchen, ist ein Gewahrsein Ihrer negativen Gefühle. Welcher negativen Gefühle? Zum Beispiel des Trübsinns. Sie fühlen sich bedrückt und launisch. Sie empfinden Hass gegen sich selbst oder Schuldgefühle. Sie fühlen, dass das Leben nutzlos ist, dass es keinen Sinn hat; Sie haben verletzte Gefühle, Sie fühlen sich nervös und angespannt. Setzen Sie sich zuerst mit diesen Gefühlen in Verbindung.«
Anthony de Mello, S. J., aus: Awareness. Conversations with The Masters

Sie brauchen den Namen des negativen Gefühls, das Sie belastet, nicht zu kennen; manchmal kann es schwierig sein, genau zu bestimmen, was Sie fühlen. Alles, was Sie wissen müssen, ist: Wenn Ihr Gefühl kein glückliches Gefühl ist, ist es ein negatives Gefühl, und dieses negative Gefühl schränkt Ihr Leben ein und hindert Sie daran, in ständigem Glück zu leben.

Seien Sie sich einfach des negativen Gefühls bewusst, ohne sich dagegen zu wehren, ohne es zum Ausdruck zu bringen oder irgendwie zu beurteilen, und erkennen Sie, dass es nur ein Gefühl ist. Unternehmen Sie keinen Versuch, das Gefühl zu ändern. Wenn Sie aufhören, das Gefühl loswerden zu wollen und aufhören, sich gegen es zu wehren, wird die Energie freigesetzt und das Gefühl kann verschwinden.

»Wenn du aufhörst, dich gegen eine Emotion zu wehren,
kann sie nicht weiterbestehen.«
Rupert Spira, aus dem Vortrag »Rest in your Being«

Wir haben uns selbst glauben gemacht, dass wir schlechte Gefühle zum Verschwinden bringen, wenn wir uns gegen sie wehren; tatsächlich aber stellen wir damit sicher, dass wir sie immer wieder erleben werden. Der Psychiater Carl Gustav Jung sagte: »Wogegen du dich wehrst, das bleibt bestehen.« Nehmen Sie den Widerstand weg, und jedes negative Gefühl, wie stark es auch sei, zieht schnell durch den Körper hindurch.

Meine Lehrerin hat mir gezeigt, dass man Widerstand spürt, wenn man eine Handfläche gegen die Handfläche eines anderen legt und jeder gegen die Hand des anderen drückt. Sowie die andere Person aufhört, mit der Hand zu drücken, sinken beide Hände nach unten. Wenn Sie können, probieren Sie es mit einem Freund oder Familienmitglied aus, denn wenn Sie es selbst erleben, wird es kristallklar. Genau das Gleiche passiert, wenn Sie aufhören, sich gegen eine negative Emotion zu stemmen – sie fällt weg.

Um sich gegen ein negatives Gefühl nicht mehr zu wehren, müssen Sie *zulassen,* dass es vorhanden ist, ohne zu versuchen, es zu ändern. Seien Sie sich des Gefühls einfach nur *gewahr.* Entspannen Sie sich und lehnen Sie sich nicht dagegen auf, denn das wäre Abwehr. Es klingt paradox, doch Sie lassen das Gefühl los, indem Sie sich entspannen und zulassen, dass es da ist, ohne es ändern oder loswerden zu wollen, ohne es anders machen oder etwas dagegen tun zu wollen. Lassen Sie das Gefühl da sein, damit ermöglichen Sie, dass die Energie des Gefühls freigesetzt wird. Dieses Vorgehen ist genau das Gegenteil von dem, was wir bisher immer getan haben; dies erklärt, warum wir so viele unterdrückte negative Emotionen haben.

»Widerstand ist recht tückisch. Er ist eines der Dinge,
die uns am stärksten davon abhalten, das zu haben, zu tun
und zu sein, was wir im Leben wollen.«
Hale Dwoskin, aus: Die Sedona-Methode

Die Energie hinter einem negativen Gefühl wird auf natürliche Weise freigesetzt, wenn Sie zulassen, dass das Gefühl vorhanden ist. Es ist ein automatischer Vorgang. Sie brauchen nichts weiter zu tun, als sich des Gefühls bewusst zu sein, als zuzulassen, dass es vorhanden ist, und nicht zu versuchen, es wegzuschieben, zu ändern, zu beherrschen oder loszuwerden. Wenn Sie das Gefühl ganz zulassen, zieht die Energie des Gefühls sehr schnell vorüber und nimmt dabei einen großen Teil des unterdrückten Gefühls mit. Wenn beispielsweise ein Gefühl der Wut auftaucht und Sie ihm nicht widerstehen, sondern zulassen, dass es vorhanden ist, zieht es schnell durch Sie hindurch und nimmt einen Teil der ursprünglichen Wut mit, die Sie früher in Ihrem Leben unterdrückt haben.

»Hab keine Angst vor Gefühlen –
lass sie auftauchen und frei werden.«
Shakti Caterina Maggi

Wenn wir ein Gefühl bemerken und es so zulassen, wie es ist, unterdrücken oder verdrängen wir es nicht mehr. Vielmehr haben wir endlich angefangen, das unterdrückte Gefühl zu befreien. Selbst ein Anfall extremer Wut kann in weniger als einer Minute abklingen, wenn wir sie uns einfach bewusst machen, zulassen, dass sie vorhanden ist, und ihr keinen Widerstand leisten.

»Wenn wir uns stark mit negativen Emotionen identifizieren,
anstatt sie zu beobachten, können sie unseren Energievorrat sehr
schnell erschöpfen. Indem wir präsent bleiben und lernen,
uns von den Emotionen zu unterscheiden, können wir die Kontrolle
über unsere Energie zurückgewinnen, die uns dann zur Verfügung steht,
um unser Leben und Erleben zu verbessern.«
David Bingham

Die Übungen, die ich im Folgenden vorstellen werde, sind die effektivsten Methoden, die ich kenne, um negative Gefühle dauerhaft loszulassen – einschließlich aller unterdrückten negativen Gefühle, die Sie im Laufe Ihres Lebens bisher zusammengetragen haben. Wenn diese fort sind, werden Sie nicht mehr so sehr von negativen Gefühlen beeinträchtigt sein wie früher, mit Ihrer Gesundheit wird es steil nach oben gehen, ebenso wie mit Ihren Finanzen, Ihren Beziehungen und Ihrem ganzen Leben. Was noch besser ist: Wenn alle negativen Gefühle verschwunden sind, werden Sie uneingeschränkt in der Freude und im Glück des unendlichen Gewahrseins stehen. Was auch immer Sie wollen, wird mühelos in Ihrem Leben erscheinen. Sie werden das Erleben eines Menschen haben und dabei das unendliche Wesen sein, das Sie tatsächlich sind.

»Wenn alles losgelassen wird, was losgelassen werden kann, bleibt das,
was wir uns vor allem wünschen.«
Rupert Spira, aus: The Ashes of Love

Willkommen heißen

Der brillante Lehrer und Ex-Physiker Francis Lucille nennt eine Methode, negative Gefühle loszulassen, »Willkommenheißen«. Sie hat sich als eine der stärksten Praktiken erwiesen, die ich in meinem Leben je angewendet habe. Diese Übung beseitigt negative Gefühle ein für alle Mal. (Es ist auch erwähnenswert, dass sich auch die Situation oder der Umstand, der das negative Gefühl verursacht hat, ändert, wenn Sie das negative Gefühl willkommen heißen. Dies liegt daran, dass Sie das Gefühl loslassen, das Sie in Bezug auf die Situation haben.)

Willkommenheißen ist das Gegenteil von Abwehren. Widerstand sagt zu einem negativen Gefühl: »Nein, das will ich nicht!« Eine einladende Haltung sagt: »Ja, du bist hier willkommen.« Das Gewahrsein heißt immer alles willkommen. Kein negatives Gefühl, wie stark es auch sei, kann der Einladung des Gewahrseins widerstehen. Tatsächlich kann sich keine Art von Negativität dem Willkommen des Gewahrseins widersetzen.

Es scheint gegen jede Intuition zu sprechen, etwas willkommen zu heißen, das man nicht will. Aber es ist der Widerstand, der das aufrechterhält, was Sie nicht wollen, und das Willkommenheißen hindert Sie daran, Widerstand zu leisten! Es kann schwierig sein, sich einem negativen Gefühl nicht zu widersetzen oder sich dagegen zu wehren, aber wenn Sie Ihre Aufmerksamkeit weiten und das Gefühl willkommen heißen, hört der Widerstand auf wundersame Weise auf und das negative Gefühl – das bloß Energie ist – löst sich auf. Dann kann sich die Situation, der Sie sich widersetzt haben, ändern.

Sie erinnern sich: Ihre Aufmerksamkeit zu weiten ist wie das Hinauszoomen mit einem Kameraobjektiv, damit Sie sich nicht auf Einzelheiten konzentrieren. Achten Sie darauf, dass Sie sich nicht auf das Gefühl konzentrieren. Die Konzentration Ihrer Aufmerksamkeit würde es stärker machen, weil der Geist alles *verstärkt*, worauf wir uns konzentrieren. Beachten Sie das Gefühl, aber konzentrieren Sie sich nicht darauf. Erhalten Sie Ihrer Aufmerksamkeit einen weiten Blickwinkel.

Der Lehrer Hale Dwoskin sagt, dass es am Anfang hilfreich sein kann, die Arme auszubreiten, wenn Sie Ihre Aufmerksamkeit weiten. Breiten Sie die Arme aus, als würden Sie jemanden begrüßen, den Sie lieben und gleich umarmen werden. Das hilft Ihnen, Ihr Herz zu öffnen. (Wir neigen dazu, den Herzbereich ständig zusammenzuziehen, ohne uns dessen bewusst zu sein.) Ich öffne bewusst mein Herz, wenn ich etwas im Leben willkommen heiße, das ich nicht will.

Meine Lehrerin sagt, wenn wir etwas willkommen heißen, seien wir unser wahres Selbst – Gewahrsein –, denn das Willkommenheißen sei unsere Natur. Tatsächlich ist das unendliche Gewahrsein, das Sie sind, so einladend, dass negative Gefühle in seiner Gegenwart unmöglich bestehen können. Es ist ganz einfach: Wenn Sie etwas Negatives willkommen heißen, lassen Sie zu, dass es sich wieder in seinen Ursprung auflöst – in Sie, in Gewahrsein! Wenn Sie also ein negatives Gefühl willkommen heißen, nutzen Sie Ihre unendliche Kraft, um es aufzulösen.

Der Lehrer Francis Lucille sagt, dass wir mit zunehmender Praxis des Willkommenheißens erkennen, dass dieses keine wirkliche Aktivität für sich ist; es stoppt vielmehr die Aktivität des Widerstands. Anfangs denken wir, das Willkommenheißen sei etwas, was wir tun, doch wenn wir es mehr praktizieren, stellen wir fest, dass es uns in Wirklichkeit davon *abhält,* etwas zu tun, was viele von uns automatisch tun, nämlich Widerstand zu leisten.

»Das Gefühl verfliegt, weil es nur Energie ist. Wenn also ein Gefühl aufkommt, denke daran, dass es nur Energie ist, und heiße es willkommen. Es ist aufgekommen, weil du bereit bist, frei davon zu sein.«
Meine Lehrerin

Was dich verletzt, segnet dich

Vor einigen Jahren befand ich mich in einer Depression. Damals wusste ich das meiste von dem, was ich in diesem Buch erzähle, noch nicht, aber zum Glück wusste ich, wie ich die Depressionen verursacht hatte. Meine Tochter war seinerzeit sehr krank und ich fürchtete um ihr Leben und hatte einen schrecklichen Gedanken nach dem anderen. Weil ich diese ängstlichen Gedanken glaubte, führten sie mich binnen weniger Monate immer tiefer in die Depression.

»Gefühle wie Wut oder Traurigkeit existieren nur, um Sie auf die Tatsache aufmerksam zu machen, dass Sie Ihre eigenen Geschichten glauben.«
Byron Katie, aus: Ich liebe was ist

Um mich aus der Depression zu befreien, versuchte ich, positive Gedanken und Dankbarkeit zu hegen, aber ich musste feststellen, dass unsere Gedanken in den Tiefen der Depression sehr wenig Kraft haben. Dies ist ein Sicherheitsmechanismus, der uns davor schützt, dass sich unsere Gedanken manifestieren, wenn wir wirklich tief in Verzweiflung oder Depression stecken. Da meine übliche Art, die Wende zu schaffen, versagte, musste ich einen anderen Weg finden.

Ich entschied, dass ich einfach aufhören würde, der Depression Widerstand zu leisten, wenn ich sie nicht mit positiven Gedanken außer Kraft setzen konnte, denn ich wusste ja, »wogegen du dich wehrst, das bleibt bestehen.« Also schloss ich die Augen und lenkte meine Konzentration in meinen Körper, dorthin, wo die Depression ihren Sitz zu haben schien. Ich öffnete mich der schwarzen Wolke meiner Niedergeschlagenheit, als breitete ich die Arme aus, um sie willkommen zu heißen, und als würde ich sie umarmen, wie man jemanden begrüßt, den man liebt und lange nicht mehr gesehen hat. Ich öffnete mein Herz und liebte die Depression so gut ich konnte und zog sie dicht an mich heran. Für ein paar Sekunden wurde es schlimmer, doch dann wurde es plötzlich leichter und leichter und löste sich schließlich vollständig auf. Innerhalb von Sekunden war es vorbei – einfach so. Die Erleichterung war außerordentlich.

Einige Stunden später kehrte die Niedergeschlagenheit zurück, aber sie war viel weniger intensiv als zuvor. Ich wiederholte den gleichen Prozess, und praktizierte dies weiter, wann immer die Depression wieder auftrat. Jedes Mal wurde die Niedergeschlagenheit schwächer und immer schwächer, und nach nur wenigen Tagen war sie völlig verschwunden.

»Sowie du die Probleme annimmst, die dir gegeben wurden,
öffnet sich die Tür.«
Rumi

Ich weiß ohne jeden Zweifel, dass ich nie wieder an einer Depression leiden werde. Sie hat meinen Körper endgültig verlassen.

Wenn ich das mit Niedergeschlagenheit machen kann, ist es mit jedem negativen Gefühl möglich. Wenn Sie es selbst tun, werden Sie den Prozess viel besser verstehen. Das Auflösen einer negativen Emotion in vollem Gange ist das beste Gefühl der Welt. Anstatt dem Gefühl der Depression Widerstand zu leisten – was diese nur noch schlimmer gemacht und festgehalten hätte –, tat ich das Gegenteil. Auf meine eigene Weise hatte ich das negative Gefühl intuitiv willkommen geheißen, obwohl mir das damals noch nicht bewusst war.

Seit jener Zeit habe ich bei allen negativen Gefühlen und Gedanken, die mir begegneten, die gleiche Methode angewendet, und ich habe sie auch bei allen schmerzhaften Empfindungen im Körper eingesetzt, sei es ein Krampf im Fuß oder Kopfschmerzen. Ich habe festgestellt, dass sich körperliche Empfindungen ebenso schnell auflösen lassen wie negative Gefühle, wenn man ihnen keinen Widerstand entgegensetzt.

Nutzen Sie die Methode des Willkommenheißens bei allem, bei dem Sie sich schlecht fühlen, bei negativen Gedanken oder Geschichten, negativen Gefühlen, schmerzlichen Empfindungen oder Erinnerungen und beengenden, begrenzenden Überzeugungen. Sie willkommen zu heißen befreit Sie von emotionaler Bindung und macht Ihrem Leben den Weg frei, sich auf jede mögliche Weise zum Besseren zu verändern.

»Wenn wir unseren Hass lieben, hören wir auf zu hassen. Liebe gewinnt immer. Hass zu lieben bedeutet, ihn willkommen zu heißen. Es bedeutet nicht, dass wir tun sollten, was er uns rät, aber wir sollten ihn auch nicht unterdrücken. Wenn wir den Hass lieben, nehmen wir uns aus dem Vorgang des Hassens heraus und Liebe beginnt.«
Francis Lucille, aus: The Perfume of Silence

Negative Gefühle wie Angst können immens unangenehm oder sogar furchterregend sein, weshalb viele von uns die Gewohnheit entwickelt haben, sie automatisch zu unterdrücken, statt sich ihnen zu stellen. Aber sie haben uns zum Narren gehalten. Wenn wir zulassen, dass ein negatives Gefühl vorhanden ist, und es willkommen heißen, ohne zu versuchen, es wegzuschieben, mag es sich für einige Sekunden verstärken und dabei überwältigend anfühlen, aber danach verschwindet es vollständig.

Wenn Sie zugelassen haben, dass ein schlechtes Gefühl vorhanden ist, und Sie es nicht unterdrückt haben, wird dieses Gefühl nie wieder so stark in Ihnen sein. Sie haben es geschwächt, und es ist jetzt auf dem Weg nach draußen. Lassen Sie noch ein paar Mal zu, dass das Gefühl vorhanden ist, und dann wird es aus Ihrem Körper befreit sein. Beobachten Sie dann, wie viel Glück in Ihren Körper fließt und wie viel Gutes in Ihr Leben fließt, wenn nur ein negatives Gefühl freigesetzt wurde.

»Manchmal geben wir ein Gefühl auf und stellen fest, dass es zurückkehrt oder anhält. Dies liegt daran, dass noch mehr davon aufgegeben werden muss. Wir haben diese Gefühle unser ganzes

Leben lang in uns hineingestopft, und so kann es eine Menge Energie sein, die unterdrückt wurde, die auftauchen und anerkannt werden muss. Wenn ein solches Aufgeben stattfindet, kommt sofort ein leichteres, glücklicheres Gefühl, fast wie ein ›Hoch‹.«
Dr. David R. Hawkins, aus: Loslassen

Die Erleichterung, die Sie empfinden, wenn Sie negative Gefühle aus dem Körper entlassen, ist außergewöhnlich. Und mit jedem freigesetzten negativen Gefühl wird Ihr Körper leichter, Ihr Leben müheloser und Sie werden feststellen, dass Ihr Glück zunimmt. Sie gewinnen auch an Schwung, je mehr Sie es tun, und es wird immer leichter und einfacher, negative Gefühle loszulassen. Sie werden an einen Punkt kommen, an dem sich die meisten negativen Gefühle sofort auflösen, da sie automatisch freigesetzt werden, sobald Sie sie bemerken. Dies ist die unendliche Kraft des Gewahrseins.

»Loslassen ist wie Atmen – es ist natürlich. Einatmen und Ausatmen.«
Meine Lehrerin

»Dazu ist jedes unangenehme Gefühl da – dazu ist Schmerz da, dazu ist Geld da, dazu ist alles auf der Welt da: für Ihre Selbsterkenntnis.«
Byron Katie, aus: Lieben was ist

Alle negativen Gefühle sind da, um Sie zurück auf das zu lenken, wer Sie sind. Sie machen Sie darauf aufmerksam, dass Sie an Geschichten glauben, die nicht wahr sind, damit Sie diese Gefühle willkommen heißen und Ihr Leben als das großartige Gewahrsein führen können, das Sie wirklich sind. Ist es nicht paradox, dass negative Gefühle, um die zu vermeiden wir alles tun, genau das sind, was uns befreien wird?

»Was dich verletzt, segnet dich. Dunkelheit ist deine Kerze.«
Rumi

Nutzen Sie jede negative Emotion, die auftaucht, als eine Gelegenheit, um sich dauerhaft von ihr zu befreien. Wie meine Lehrerin sagte, kommt eine negative Emotion nur dann auf, wenn Sie bereit sind, davon frei zu werden. Heißen Sie die Emotion willkommen, ohne zu versuchen, sie zu ändern oder loszuwerden. Sie sind das unendliche Sein, und Willkommenheißen liegt in Ihrer Natur. Begrüßen Sie jedes negative Gefühl, bis Sie für immer und von allen frei sind.

»Es ist möglich, in einer sehr ›friedlichen‹ Umgebung zu sein und dennoch gequält zu sein, und es ist möglich, sich in einer gefährlichen, lauten, negativ empfundenen Umgebung zu befinden und dennoch vollkommen in Frieden zu sein.«
Jan Frazier, aus: Opening the Door

Wie heißen Sie Gefühle zu Themen willkommen, zu denen Sie eine starke Meinung haben oder gegen die Sie entschlossen eintreten, wie zum Beispiel Tierquälerei?

Begreifen Sie, dass die schlechten Gefühle, die Sie in Bezug auf dieses Thema haben, *Ihnen* Schaden zufügen und nicht hilfreich sind für das, was Ihnen wichtig ist. Heißen Sie die Empfindungen und Gefühle willkommen, die das Thema in Ihnen auslösen kann. Begrüßen Sie Ihre eigene Missbilligung, begrüßen Sie Ihr Empfinden von Unfairness und Ungerechtigkeit. Praktizieren Sie dies so lange, bis keine Empfindung oder kein Gefühl mehr übrig ist, wenn Sie an das Thema denken.

Sie denken vielleicht, dass Sie nicht damit aufhören möchten, den Schmerz über ein bestimmtes Thema zu spüren, weil Sie dann aufhören würden, sich darum zu kümmern. Aber dies ist eine Geschichte, die der Verstand Ihnen erzählt, und genau das Gegenteil ist der Fall. Ihr starker Widerstand gegen ein Thema gibt diesem weitere Energie, denn er schenkt ihm Kraft, die es größer macht. Wenn Sie also Ihre negativen Gefühle in Bezug auf Anliegen loslassen, geben Sie all die Energie frei, die Sie darauf konzentriert haben, und Sie *entmachten* die Umstände, die das Thema umgeben. Ohne diese negative Emotion haben Ihre Liebe und Ihr Mitgefühl, die natürlich anstelle der negativen Emotionen entstehen, ungeheure Kraft und können einen großen Unterschied in der Welt bewirken.

Lassen Sie mich etwas über Lester Levenson erzählen. Lester erlangte die Erleuchtung, indem er im Laufe von drei Monaten alle seine negativen Emotionen und Überzeugungen losließ. Vorher hatte Lester viele gesundheitliche Probleme, darunter Depressionen, Migräne, Magen-Darm-Störungen, Gelbsucht, eine vergrößerte Leber, Nierensteine, Milzprobleme, Übersäuerung, Magengeschwüre mit Läsionen und Durchbruch der Magenwand, sowie koronare Herzerkrankungen.

Diese Krankheiten und Beschwerden verschwanden eine nach der anderen, als Lester seine unterdrückten negativen Gefühle losließ. Lester nannte seine Methode zur Freisetzung negativer Emotionen »The Sedona Method«. Unter Hale Dwoskin, einem seiner Schüler, der sowohl in *The Secret – Das Geheimnis* als auch im vorliegenden Buch vorgestellt wird, erreicht sie weltweit weiterhin viele Menschen.

»Ich ließ los und machte die Hölle rückgängig, die ich geschaffen hatte. Indem ich alles mit Liebe in Einklang brachte, indem ich versuchte zu lieben, anstatt geliebt zu werden, und indem ich die Verantwortung für alles übernahm, was mir widerfuhr, meine unbewussten Gedanken fand und korrigierte, wurde ich freier und freier, glücklicher und glücklicher.«
Lester Levenson

»Denken Sie an eine schmerzliche Erinnerung aus jungen Jahren, an einen schrecklichen Kummer, der verdrängt wurde. Betrachten Sie all Ihre Gedanken, die Sie über die Jahre mit jenem Ereignis verbunden haben. Wenn wir das zugrunde liegende schmerzliche Gefühl aufgeben könnten, würden all diese Gedanken sofort verschwinden und wir würden das Ereignis vergessen.«
Dr. David R. Hawkins, aus: Loslassen

Wenn wir ein unterdrücktes Gefühl loslassen oder willkommen heißen, das von einer Erinnerung ausgelöst wird, werden alle Hunderte und Tausende von Gedanken, die mit dieser Erinnerung verbunden sind, zusammen mit dem Gefühl befreit, gleichgültig wie weit diese Erinnerung zurückreicht. Es gibt nichts Besseres, als dies zu tun! Die Leichtigkeit, das Glück und das Hochgefühl, die Sie empfinden, wenn Sie Gefühle loslassen, die mit schmerzlichen Erinnerungen verbunden sind, sind unbeschreiblich, ganz zu schweigen davon, wie sich Ihr Leben vollständig verändert. Wenn Sie jene unterdrückten Gefühle loslassen, werden Sie die Gewissheit haben, dass sie die Gesundheit Ihres Körpers beeinträchtigt hatten. Wenn Sie sehen, dass sich alle Umstände Ihres Lebens zum Besseren ändern, wie es unweigerlich der Fall sein wird, werden Sie aus eigener Erfahrung wissen, dass diese Gefühle auch Ihr Leben beeinträchtigt hatten.

Ich habe diese Übung einmal in Bezug auf ein schmerzliches Erlebnis in der Kindheit gemacht, das mich mein ganzes Leben lang begleitet hatte, und jetzt kann ich mich nicht mehr daran erinnern, was ich damals erlebt hatte. Ich erinnere mich nur daran, dass ich es freigelassen habe. Als ich das schmerzliche Gefühl losließ, das die Erinnerung auslöste, nahm es alle Gedanken der Erinnerung mit sich, sodass die Erinnerung selbst verschwand!

Schmerzliche Erinnerungen sind schwere Lasten, die wir mit uns tragen. Sie stehen uns im Wege und hindern uns daran, das Leben zu führen, das wir verdienen – und sie sind nicht, wer wir sind. Von schmerzlichen Erinnerungen können Sie sich befreien.

»Beachte das *Gefühl* hinter jedem Gedanken, und es wird sich auflösen.
Das ist ein Selbstreinigungs-Mechanismus. Nutze die Abkürzung, das Auflösen von Gefühlen, um Hunderte von negativen Gedanken aufzulösen, indem du das Gefühl willkommen heißt.«
Meine Lehrerin

Es ist inspirierend zu wissen, dass das Loslassen eines einzigen negativen Gefühls Hunderte, wenn nicht Tausende negativer Gedanken mit sich zieht. Wenn Sie Ihre negativen Gefühle auflösen, entfernen Sie Gedanken wie Zweifel, Unwürdigkeit, das Bedürfnis nach der Zustimmung anderer, Unsicherheit, mangelndes Vertrauen und jede andere Art von negativen Gedanken, die Sie bisher an einem Leben voller Staunen und kontinuierlichem Glück hinderten. Mit jedem negativen Gefühl, das Sie freilassen, wird Ihr Leben seinen Höhenflug fortsetzen.

Die Super-Übung

Ich möchte Ihnen eine unschätzbare Übung vorstellen, die mir meine Lehrerin anvertraut hat; sie hat mein Leben verändert und ich praktiziere sie weiterhin jeden Tag. Es handelt sich um eine einfache, aber wirkungsvolle Kombination der beiden bedeutendsten und wichtigsten Methoden in diesem Buch – das Willkommenheißen und das Bleiben als Gewahrsein. Meine Lehrerin sagt, dass der Körper ein automatischer Selbstreinigungsmechanismus ist, während man als Gewahrsein bleibt. Dies bedeutet, dass sich die gefangene Energie jeder negativen Emotion automatisch auflöst und von selbst aus Ihrem Körper freigesetzt wird, während Sie als Gewahrsein bleiben oder verweilen! Manchmal können Sie spüren, wie sich die Energie im Bereich der Brust entspannend auflöst.

Schritt 1. Heißen Sie alles Negative willkommen

Öffnen Sie Ihr Herz und heißen Sie alle negativen Reaktionen, negativen Gefühle, negativen Empfindungen, negativen Gedanken oder Probleme willkommen, sobald sie auftreten.

Schritt 2. Bleiben Sie als Gewahrsein

Bleiben Sie als Gewahrsein, indem Sie Ihre Aufmerksamkeit wie den Blickwinkel des Objektivs einer Kamera weiten, damit sie sich nicht auf Details konzentriert.

Da das Gewahrsein von Natur aus einladend ist, werden Sie nach einiger Zeit der Praxis dieser Super-Übung feststellen, dass die beiden Schritte zu einem einzigen verschmelzen. In dem Moment, in dem Sie willkommen heißen, werden Sie feststellen, dass Gewahrsein sofort vorhanden ist.

Seit ich diese Übung praktiziere, ist mir aufgefallen, dass negative Emotionen und Reaktionen viel schwächer geworden sind und schnell verschwinden. Ich habe sogar einen Punkt erreicht, an dem ich es liebte, wenn eine negative Emotion oder Reaktion aufkam, weil sie mich nicht nur daran erinnerte, sie willkommen zu heißen und im Gewahrsein zu bleiben, sondern weil es sich auch *so gut* anfühlte, wenn sie sich auflöste.

Ich verwende die gleiche Übung, wenn eine negative Situation, ein Umstand oder ein Problem auftritt. Ich weite meine Aufmerksamkeit, öffne mein Herz und heiße das negative Gefühl in Bezug auf die Situation willkommen; dann bleibe ich als Gewahrsein, so gut ich kann. (Ein Weg, um als Gewahrsein zu bleiben, den ich als unschätzbar wertvoll empfunden habe, besteht darin, Gewahrsein zu lieben. Indem Sie Gewahrsein lieben, widmen Sie ihm Ihre volle Aufmerksamkeit.) Ich habe festgestellt, dass sich die negative Situation nach dieser Übung sehr bald ändert. Sie muss sich auch tatsächlich ändern, denn es ist unser Widerstand, der eine negative Situation bei uns hält!

»Im Zustand dieses Gewahrseins hört alles Leiden auf.«
Jan Frazier, aus: When Fear Falls Away

Vor ein paar Jahren habe ich ein Ereignis durchgemacht, das die meisten Menschen als äußerst beängstigend bezeichnen würden. Doch dank des Willkommenheißens und des Verweilens als Gewahrsein hat mich die Angelegenheit nicht so stark betroffen, wie es der Fall gewesen wäre, bevor ich diese Praktiken kannte.

Waldbrände drohten, die Gemeinde zu zerstören, in der ich lebe. Ich wurde aus meinem Haus evakuiert, fühlte mich jedoch nicht beunruhigt im Hinblick auf die Sicherheit meines Hauses. Ich fühlte mich im Frieden, weil mir alles recht war, was geschah. Ich war evakuiert, und wenn ich mein Haus verlieren würde – dessen war ich mir ganz sicher –, so würde es zum Besten dienen und das Leben müsste mich in eine andere Richtung führen. Das Feuer war viele Wochen lang außer Kontrolle und zerstörte alles auf seinem Wege. Schließlich kam es meinem Haus bedrohlich nahe und verschlang Häuser an der Straße, wo ich wohne. Aber ich fühlte keine Angst und keine

Bindung an einen bestimmten Ausgang dieses Geschehens. Ich wusste, dass ich glücklich bleiben würde, ganz gleich, was passierte. Ohne Widerstand gegen ein mögliches Ergebnis blieb mein Haus sicher. Ich hatte die Situation willkommen geheißen, und ich habe keinen Zweifel daran, dass der Frieden und die Ruhe, die ich während jener Brände empfand, auf meine Praxis des Willkommenheißens zurückzuführen waren, die ich davor geübt hatte.

»Ich habe erkannt, wie viel Elend entsteht, wenn man sich den vorliegenden Tatsachen widersetzt oder in der Vergangenheit oder Zukunft lebt. Ich glaube nicht, dass mir klar war, in wie viel Schmerz ich vorher verstrickt war. Es ist, als hätte ich mir fünfzig Jahre lang mit einem Hammer aufs Schienbein geschlagen, und dann fiel mir der Hammer aus der Hand.«

Jan Frazier, aus: Opening the Door

Frei von negativen Emotionen zu sein ist jede Sekunde wert, die Sie dafür aufwenden. Ich habe mich die meiste Zeit wohlgefühlt, seit ich im Jahr 2004 *das Geheimnis* entdeckt hatte, aber heutzutage bin ich dank des Wissens und der Praktiken, die ich im vorliegenden Buch mit Ihnen teile, meistens in einem Zustand sanften Glücks.

Können Sie sich vorstellen, auch nur einen einzigen Tag zu leben, ohne dass negative Emotionen Sie heimsuchen, ganz zu schweigen von einem Monat oder Jahr? Wenn Sie keine negativen Emotionen hätten, hätten Sie keine negativen Gedanken, die das durchkreuzen, was Sie wollen, und Sie würden zu einem Magneten für alles und jedes, was Sie wollen! Wenn Sie dies selbst erleben, werden Sie wissen, dass es die wahre Lebensfreude ist.

KAPITEL 7 Zusammenfassung

- *Glück ist Ihr natürlicher Zustand. Wenn Sie sich also gerade nicht glücklich fühlen, haben Sie ein negatives Gefühl, das jenes Glück davon abhält, in Ihnen präsent zu sein.*

- *Seien Sie sich einfach des negativen Gefühls bewusst, ohne sich dagegen zu wehren, ohne es zum Ausdruck zu bringen oder irgendwie zu beurteilen, und erkennen Sie, dass es nur ein Gefühl ist.*

- *Die Energie hinter einem negativen Gefühl wird auf natürliche Weise freigesetzt, wenn Sie zulassen, dass das Gefühl vorhanden ist. Es ist ein automatischer Vorgang.*

- *Willkommenheißen ist eine Übung, die negative Gefühle beseitigt. Willkommenheißen ist das Gegenteil von Abwehren. Eine einladende Haltung sagt zu einem negativen Gefühl: »Ja, du bist hier willkommen.«*

- *Am Anfang kann es hilfreich sein, die Arme auszubreiten, wenn Sie Ihre Aufmerksamkeit weiten. Sie können auch bewusst Ihr Herz öffnen.*

- *Nutzen Sie die Methode des Willkommenheißens bei allem, bei dem Sie sich schlecht fühlen, bei negativen Gedanken oder Geschichten, negativen Gefühlen, schmerzlichen Empfindungen oder Erinnerungen und beengenden, begrenzenden Überzeugungen.*

- *Wenn Sie zugelassen haben, dass ein schlechtes Gefühl vorhanden ist, und es nicht unterdrückt haben, wird dieses Gefühl nie wieder so stark in Ihnen sein.*

- *Alle negativen Gefühle sind da, um Sie zurück auf das zu lenken, wer Sie sind. Sie machen Sie darauf aufmerksam, dass Sie an Geschichten glauben, die nicht wahr sind, damit Sie diese Gefühle willkommen heißen und Ihr Leben als das großartige Gewahrsein führen können, das Sie wirklich sind.*

- *Eine negative Emotion kommt nur dann auf, wenn Sie bereit sind, davon frei zu sein.*

- *Wenn Sie also Ihre negativen Gefühle zu einem Anliegen loslassen, das Ihnen viel bedeutet, geben Sie all die Energie frei, die Sie darauf konzentriert haben, und Sie entmachten die Umstände, die das Thema umgeben.*

- *Wenn wir ein unterdrücktes Gefühl loslassen oder willkommen heißen, das von einer Erinnerung ausgelöst wird, werden alle Hunderte und Tausende von Gedanken, die mit dieser Erinnerung verbunden sind, zusammen mit dem Gefühl befreit.*

- *Die Leichtigkeit, das Glück und das Hochgefühl, die Sie empfinden, wenn Sie Gefühle loslassen, die mit schmerzlichen Erinnerungen verbunden sind, sind unbeschreiblich.*

- *Die Super-Übung Schritt 1. Heißen Sie alles Negative willkommen; Schritt 2. Bleiben Sie als Gewahrsein. (Liebevolles Gewahrsein ist eine Art und Weise, als Gewahrsein zu verweilen.)*

KAPITEL 8

NICHT MEHR LEIDEN

»Hier ist das Entscheidende: Leiden ist freiwillig.«
Byron Katie, aus: Ich liebe was ist

Sie sind nicht zum Leiden bestimmt. Wenn Sie als Ihr wahres Selbst leben, als Gewahrsein, werden Sie niemals leiden. Es mag schwer sein, sich ein Leben ohne Leiden vorzustellen, aber gewiss kann es Ihr Leben sein, genau jetzt.

»Es gibt Schmerzen im Körper, aber das Leiden kommt vom Verstand.«
Anthony de Mello, S. J.

»Dein höheres Selbst leidet nicht. Dein vertrautes Selbst vermag sich kaum vorzustellen, wie man nicht leidet.«
Jan Frazier, aus: The Freedom of Being

Leiden wird dadurch verursacht, dass wir negative Gedanken glauben. Leiden ist also selbst auferlegt.

»Ich fand heraus, dass ich litt, als ich meinen Gedanken glaubte, dass ich aber nicht litt, wenn ich ihnen nicht glaubte, und dass dies für jeden Menschen gilt. So einfach ist Freiheit.«
Byron Katie, aus: Eintausend Namen für Freude

»Wann immer du leidest, lässt sich dein Leiden in einem einzigen Gedanken zusammenfassen: ›Ich mag das nicht.‹ Mit anderen Worten, wir lassen zu, dass ein einziger schwacher, unbedeutender Gedanke unser Glück verdirbt.«

Rupert Spira, aus dem Vortrag »Suffering Is Contained in a Single Thought«

Unser Denken neigt dazu, auf die Lebensumstände mit »Nein, nein, nein!« zu reagieren, während Gewahrsein immer mit »Ja, ja, ja!« auf alles anspricht.

»Das Gewahrsein sagt sogar ›Ja‹ zu einem ›Nein‹!«

Meine Lehrerin

Nein sagen lässt das, was Sie nicht wollen, an Ihnen haften. Wenn Sie zu dem, was Sie nicht wollen, Ja sagen, lösen Sie Ihren Widerstand auf und lassen zu, dass sich das ändert, was Sie nicht wollen. Es entspricht nicht dem intuitiven Verhalten, aber so funktioniert es. Wenn Sie sagen: »Nein, das will ich nicht«, widersetzen Sie sich. Sie haben bereits verstanden: Alles, gegen das Sie sich wehren, bleibt bestehen.

»Wenn du in diesem Zustand der Akzeptanz verweilst, erschaffst du keine Negativität mehr, kein Leiden und kein Unglück mehr. Dann lebst du in einem Zustand der Widerstandslosigkeit, einem Zustand der Gnade und Leichtigkeit, frei von Kämpfen.«

Eckhart Tolle, aus: Jetzt! Die Kraft der Gegenwart

»Ich liebe das, was ist, nicht weil ich eine spirituelle Person bin, sondern weil es weh tut, wenn ich mich mit der Wirklichkeit anlege.«

Byron Katie, aus: Lieben was ist

»Wenn du in diesem Moment den Widerstand ganz aufgäbest und ihn nie wieder aufnähmest, würdest du dich mit dieser einzigen Geste von einer enormen Leidenslast befreien.«

Jan Frazier, aus: The Freedom of Being

Wenn wir uns dem, was geschehen ist, nicht widersetzen, gibt es keinen Konflikt und die Energie der Situation zieht vorbei. Ohne dass wir ihm Widerstand leisten, kann nichts in unserem Leben bleiben. Wenn wir uns jedoch gegen das wehren, was geschehen ist, halten wir die Situation fest und leiden weiterhin. Der wundervolle Lehrer Sailor Bob Adamson sagt, man möge einfach nur zulassen, dass Erlebnisse kommen und gehen, ohne sie zu beurteilen.

»Es ist nur das Ergreifen, das Festhalten oder das Abwehren und Wegschieben, was die Fesseln des psychischen Leidens schafft.«
Peter Lawry, aus dem Vortrag »No Separation«

»Die meisten Menschen gehen mit dem Glauben ins Grab, Leiden sei unvermeidlich. Wie traurig das ist. Wenn du dich von der Möglichkeit abwendest, dass es anders sein könnte, wirst du unnötig leiden, bis du eines Tages stirbst. Aber da gibt es etwas: Das Ende des Leidens wäre der geringste Nutzen davon, dass du frei würdest. Das wahre Wunder ist nicht die umfassende Aufhebung des Kummers, sondern der Reichtum, der den freigewordenen ›Raum‹ überfluten würde.«
Jan Frazier, aus: When Fear Falls Away

Ein sofortiges Ende des Leidens

Was ich mit Ihnen teilen möchte, ist vielleicht nicht so einfach zu erfassen, aber wenn Sie es begreifen, wird es Sie sofort aus dem Leiden herausholen. Unser Verstand sorgt dafür, dass es sich so anfühlt, als wären *wir* es, die leiden, und wenn wir unserem Verstand bedingungslos glauben, ist unser Leiden natürlich immens. Die Wahrheit ist aber, dass Sie es sind, der sich des Leidens *gewahr* ist, und nicht derjenige, der leidet. Derjenige, der leidet, ist die Vorstellung, die Sie von sich selbst gebildet und an die Sie geglaubt haben. Diese sind Sie aber nicht wirklich.

»Das Ende des Leidens tritt ein, wenn man erkennt, dass es niemanden gibt, der leidet.«
Hale Dwoskin

Meine Lehrerin würde empfehlen, sich folgende Frage zu stellen:

»Bin ich es, der leidet, oder bin ich derjenige, der sich des Leidens gewahr ist?«

Wenn wir aufhören können, der Einflüsterung unseres Denkens zu glauben, dass wir es seien, die leiden, wird das Leiden sofort aufhören.

»Sobald die Natur des Denkens verstanden wird, kann Leiden nicht mehr existieren.«
Byron Katie, aus: Ich liebe was ist

»Gewahrsein öffnet die Tür, löst alle Überzeugungen, Meinungen und Ideen auf, die Ihrem natürlichen Glückszustand im Wege stehen und ihn verdecken.«
Anthony de Mello, S. J.

»Es ist kein Wunder, dass du das Gefühl hast, nach Hause gekommen zu sein, wenn die Leidensmaschinerie auseinandergefallen und der Geist ruhig geworden ist. Das Zuhause hat dich gefunden – häufig ist das der Eindruck, da du nicht unbedingt versucht hast, deinen Weg dorthin zu finden, jedenfalls nicht bewusst. Oder vielleicht hast du das, aber jetzt siehst du, dass du an den falschen Stellen gesucht hast.«
Jan Frazier, aus: The Great Sweetening: Life After Thought

Es gibt insbesondere einen Glauben, der die Hauptursache von allem Leiden in der Welt ist. Es ist der Glaube, wir seien eine separate Person. Mit dem Denken überzeugt Sie Ihr Verstand davon, dass Sie lediglich eine Person sind und angreifbar für eine ganze Welt von Dingen, die schiefgehen könnten. Wenn Sie Ihrem Verstand die Geschichte von der Trennung glauben, werden Sie vollends unter der Kontrolle Ihres Geistes stehen. Dieser wird Ihnen einen ständigen Strom ängstlicher Gedanken senden, dass Sie verletzlich seien, dass Ihnen schlimme Dinge zustoßen können und dass Sie und Ihr Leben begrenzt seien. Leider wird das zu Ihrem Leben, wenn Sie es glauben. Aber die Wahrheit ist genau das Gegenteil davon. Wir sind nicht getrennt. Es gibt den *Anschein,* wir seien eine separate Person, und es entspricht unserem *Erleben,* eine separate Person zu sein, aber um ein großartiges Leben in dauerhaftem Glück zu haben, sollten Sie sich der Wahrheit bewusst bleiben, dass Sie unendlich, ewig, Bewusstsein-Gewahrsein sind und dass es nur einen von uns gibt.

Das Ende der Probleme

Wir glauben, wir hätten ein Problem, wenn etwas anders gelaufen ist, als wir es erwartet hatten, oder wenn wir das Gefühl haben, dass etwas »schiefgelaufen« sei. Die unmittelbare Antwort unseres Geistes auf ein Problem lautet: »Ich will das nicht!« Aber:

»Probleme existieren nur im menschlichen Geist.«
Anthony de Mello, S. J., aus: Awareness. Conversations with The Masters

»Probleme sind nicht real. Probleme sind nur eingebildet.
Es gibt keine Probleme. Das ist unmöglich.
Was du bist, ist frei von Problemen. Probleme werden fabriziert, jedes einzelne.«
Meine Lehrerin

»Alle Probleme beruhen auf Erinnerung; im jetzigen Augenblick gibt es keine Probleme.«
Hale Dwoskin

»Wenn es den menschlichen Verstand nicht gäbe, gäbe es keine Probleme. Alle Probleme existieren im menschlichen Verstand. Alle Probleme werden vom Verstand erschaffen.«
Anthony de Mello, S. J., aus: Das Leben neu entdecken

Die Wahrheit ist, dass Probleme nur eine weitere Geschichte sind, die von den Gedanken unseres Geistes geschaffen wurde. Es ist der Verstand, der das Leben interpretiert, indem er eine Geschichte über etwas erzählt, das geschehen ist, und es zu einem Problem macht. Um ein problemloses Leben zu führen, nutzen Sie die Kraft Ihres Gewahrseins, damit Sie sich Ihres Geistes *gewahr* werden, anstatt Ihrem Verstand zu glauben.

Wenn Sie mehr und mehr als Gewahrsein leben, werden Sie deutlich sehen, dass Probleme imaginäre Einschränkungen sind. Wie könnte das unendliche Bewusstsein, dass Sie sind, ein einziges Problem haben?

»Es ist, als würden Sie Ihre Hand in ein Feuer legen und sagen: ›Autsch, das ist heiß! Meine Hand brennt! Oh, jetzt habe ich ein Problem!‹ Und dann legen Sie Ihre Hand wieder ins Feuer und so weiter und so fort, bis Sie eines Tages erkennen, dass Sie es tun

und damit aufhören. Wenn Sie nun ein Problem haben, stecken Sie die Hand in ein Problem und schreien: ›Es tut weh!‹ Und Sie tun so, als würden Sie Ihre Hand nicht hineinlegen. Sie tun so, als würden Sie es nicht tun. Aber Sie tun es.«
Lester Levenson, aus: Happiness Is Free, *Volumes 1–5*

»Alle Probleme kommen vom Ego. Du bist frei, wenn du Problemen keine Gültigkeit mehr verleihst.«
Meine Lehrerin

Die Schwierigkeit besteht darin: Wenn Sie *glauben,* ein Problem zu haben, werden Sie mit Sicherheit *erleben,* dass Sie ein Problem haben. Aber wenn Sie sich bewusst sein können, dass es in Wirklichkeit der Verstand und seine Gedanken sind, die eine weitere negative Geschichte erzählen, lassen Sie zu, dass sich jedes vermeintliche Problem auflöst und verschwindet, weil Ihr Glaube es für Sie oder die Welt nicht mehr festhält.

»Jeder, der sagt: ›Ich habe ein Problem‹, hat es im Kopf. Dies ist der einzige Ort, an dem es sich befindet, da Sie nirgendwo anders etwas sehen oder sich vorstellen können als in Ihrem Kopf. Was immer Sie sehen, was immer Sie hören, was immer Sie fühlen, ist in und durch Ihren Verstand. Alles ist dort.«
Lester Levenson, aus: Happiness Is Free, *Volumes 1–5*

»Ich sage dir jetzt etwas sehr Wichtiges: Es gibt kein Problem, nirgends und niemals. Es gibt nur einen Mangel an Liebe.«
Meine Lehrerin

Wenn Sie nichts abwehren, wenn Sie alles so annehmen, wie es ist, dann ist das Liebe. Wo Liebe ist, kann es kein Problem geben. Dies ist der Grund, warum kein Problem das berühren kann, was Sie wirklich sind, denn Sie sind reine Liebe. Es ist eine Liebe, die so rein ist, dass unser Verstand sie sich nicht vorstellen kann. Sie heißt alles willkommen, nimmt alles an, lässt alles zu und hängt an nichts. Es ist die Art von Liebe, die von außergewöhnlichen erleuchteten Wesen wie Buddha, Jesus Christus, Laotse, Krishna und vielen anderen gezeigt wird. Und diese reine Liebe, die Sie sind, hat niemals Probleme.

Aus der Sicht einer begrenzten Person jedoch scheinen Probleme real zu sein. Unser Verstand reagiert wie das Gegenteil des unendlichen Gewahrseins, er widersetzt sich und leugnet, wie etwas ist, anstatt es zu akzeptieren und zuzulassen.

»Das Leben ist eine Folge natürlicher und spontaner Veränderungen.
Stelle dich nicht dagegen, das erzeugt nur Kummer.
Lass die Wirklichkeit Wirklichkeit sein. Lass die Dinge auf
natürliche Weise weiterfließen, wie sie wollen.«
Laotse

»Wenn wir uns nicht emotional engagieren, um die Dinge so zu
erzwingen, wie wir sie wollen, können sie sich frei bewegen und
selbst auflösen.«
Kalyani Lawry

Durch die Anwendung der Prinzipien von *The Secret – Das Geheimnis* habe ich festgestellt, dass es kaum Probleme in meinem Leben gibt, wenn ich glücklich bin. Dies liegt daran, dass Probleme am Ort des Glücks entweder nicht auftreten oder so klein sind, dass sie mein Glück nicht zu stören vermögen. Wenn ich glücklich bin, sehen Probleme wie Ameisenhügel aus im Vergleich zu den Gebirgen, als die selbst kleinste Probleme erschienen, wenn ich verzweifelt war. Ist es also nicht einleuchtend, dass es auf der höchsten Ebene des Glücks, auf der wir wissen, wer wir sind, keine Probleme gibt?

»Die Probleme dieser Welt sind endlos. Wenn Sie versuchen, das Ende
auszumachen, werden Sie immer weiter und weiter damit machen,

Probleme zu lösen, und Sie werden immer mehr finden. Solange Sie problembewusst sind, existieren Probleme. Erst wenn Sie das wahre Ich entdecken, werden Sie ein Ende der Probleme entdecken.«
Lester Levenson, aus: Happiness Is Free, *Volumes 1–5*

Frei von Problemen – für immer

»Du kannst frei von allem sein. Möchtest du einem Problem deine Aufmerksamkeit schenken, indem du es änderst, behebst oder versuchst, es zu ergründen – oder möchtest du frei von ihm sein?«
Meine Lehrerin

Als ich meiner Lehrerin mitteilte, was ich für ein großes Problem hielt, sagte sie Folgendes zu mir; klarer kann man es nicht formulieren:

»Hör auf, dich auf das Problem zu konzentrieren. Hör auf zu wollen, dass es mehr oder weniger ist. Hör auf zu wollen, dass es geht. Hör auf, es ändern zu wollen. Hör auf, es zu durchschauen. Hör auf, es beherrschen zu wollen. Es wird natürlich zusammenbrechen, wenn du dich entscheidest, Gewahrsein zu sein. Alles, was nicht Liebe ist, bricht angesichts der Liebe zusammen. Alles, was nicht wirklich ist, bricht angesichts des Gewahrseins zusammen.«
Meine Lehrerin

Wie *Das Geheimnis* erklärte, aktivieren wir etwas, wenn wir unsere Aufmerksamkeit darauf richten. Wenn wir uns also auf ein Problem konzentrieren, geben wir dem Problem Energie und es wird größer. Der Versuch, ein Problem zu beheben, es zu lösen, zu beherrschen oder zu beseitigen, bedeutet, dass wir unsere Aufmerksamkeit auf das Problem richten! Wenn wir unsere Aufmerksamkeit vom Problem abwenden, verschwindet das Problem, weil alle Energie von ihm abgezogen wurde. Es muss zusammenbrechen. Das ist, als würde man einem Feuer den Sauerstoff entziehen: Das Feuer wird erlöschen.

»Der Versuch, ein Problem loszuwerden, bedeutet, an ihm festzuhalten. Alles, was wir loswerden wollen, halten wir mit Gedanken fest und damit erhalten wir das Problem aufrecht. Die einzige Möglichkeit, ein Problem zu beheben, besteht darin, es loszulassen. Sehen Sie nicht das Problem. Sehen Sie nur, was Sie wollen.«
Lester Levenson, aus: Will Power *(Audio)*

Sowie Sie Ihre Aufmerksamkeit von einem Problem abgezogen haben, können Sie Ihren Verstand gebrauchen, um das zu erschaffen, was Sie wollen, indem Sie Ihren Verstand und Ihre Gedanken auf das konzentrieren, was Sie wollen.

»Energie fließt, wohin die Aufmerksamkeit gerichtet ist.«
Michael Bernard Beckwith, aus: Das Geheimnis

Wir konzentrieren uns auf das, was wir nicht wollen, und erwarten, dass es sich ändern wird, während das Gegenteil der Fall ist. Wir müssen unsere Aufmerksamkeit abziehen, damit sich ein Problem auflösen kann. Ich hörte einmal jemanden sagen, Probleme seien wie ein unerwünschter Gast. Wenn Sie einem Gast keine Aufmerksamkeit schenken, wird er gehen!

Nutzen Sie die Kraft Ihres Gewahrseins, um sich der negativen Gedanken und Geschichten Ihres Geistes bewusst zu werden und sie dadurch aufzulösen, und Sie werden frei von allen Problemen und Leiden sein. Dies ist nur ein weiteres Beispiel für die Freude und Glückseligkeit, die Ihnen bestimmt ist, wenn Sie als das Gewahrsein bleiben, das Sie sind.

»Dies ist ein Wunder, das sich sanft entfaltet. Sei geduldig. Dein ganzes Leben lang hast du es anders gemacht und geglaubt, von der Gnade des Lebens abhängig zu sein. Erwarte nicht, dass sich das Ganze auf einmal von selbst rückgängig macht.«

Jan Frazier, aus: The Freedom of Being

KAPITEL 8 Zusammenfassung

- *Sie sind nicht zum Leiden bestimmt. Und wenn Sie als Ihr wahres Selbst leben, als Gewahrsein, werden Sie niemals leiden.*
- *Leiden wird dadurch verursacht, dass wir negative Gedanken glauben. Leiden ist also selbst auferlegt.*
- *Wenn wir uns gegen das wehren, was geschehen ist, halten wir die Situation fest und leiden weiterhin.*
- *Stellen Sie sich die Frage: »Bin ich es, der leidet, oder bin ich derjenige, der sich des Leidens gewahr ist?« In Wahrheit sind Sie es, der sich des Leidens gewahr ist, und nicht derjenige, der leidet.*
- *Es gibt insbesondere einen Glauben, der die Hauptursache von all dem Leiden in der Welt ist. Es ist der Glaube, wir seien eine separate Person.*
- *Probleme existieren nur im menschlichen Geist. Probleme sind nur eingebildet.*
- *Um ein problemloses Leben zu führen, nutzen Sie die Kraft Ihres Gewahrseins, damit Sie sich Ihres Geistes gewahr werden.*
- *Wenn wir uns auf ein Problem konzentrieren, geben wir dem Problem Energie und es wird größer. Wenn wir unsere Aufmerksamkeit von dem Problem abwenden, verschwindet das Problem, weil alle Energie von ihm abgezogen wurde.*

- *Sowie Sie Ihre Aufmerksamkeit von einem Problem abgezogen haben, können Sie Ihren Verstand gebrauchen, um das zu erschaffen, was Sie wollen, indem Sie Ihren Verstand und Ihre Gedanken auf das konzentrieren, was Sie wollen.*

- *Nutzen Sie die Kraft Ihres Gewahrseins, um sich der negativen Gedanken und Geschichten Ihres Geistes bewusst zu werden und sie dadurch aufzulösen, und Sie werden frei von allen Problemen und Leiden sein.*

KAPITEL 9

Begrenzende Überzeugungen auflösen

»Alle Überzeugungen sind eingebildete Begrenzungen.«
Meine Lehrerin

Was *ist* eine Überzeugung? Sie ist nur ein Gedanke, den wir immer wieder denken, bis wir ihn glauben. Alle Überzeugungen sind begrenzt, weil sie aus dem Denken kommen. Betrachten wir einmal ein Beispiel, den Glauben, etwas sei »zu schön, um wahr zu sein«. Wir hören diesen Satz zuerst von anderen, dann fangen wir an, ihn selbst zu denken, nach einiger Zeit glauben wir, dass er wahr sei, und schließlich sehen wir Beweise dafür in der Außenwelt. In dem Moment, in dem wir glauben, dass es wahr sei, wird etwas zu einer Überzeugung, die in unserem Unterbewusstsein gespeichert wird, und von diesem Augenblick an funktioniert dieser Glaubenssatz in unserem Unterbewusstsein als automatisches Programm; er muss sich in die Welt projizieren und sich weiter als wahr in unserem Leben erweisen.

»Ein Gedanke ist so lange harmlos, bis wir ihn glauben.«
Byron Katie

»Es geht nicht darum, was das Ego sagt, sondern darum, wie sehr ihm geglaubt wird.«
Mooji

Überzeugungen ziehen weitere Gedanken nach sich, die auf ihnen aufbauen, und die Gedanken spielen sich ab wie gespeicherte Aufnahmen. Passend zu dem Satz »Etwas ist zu schön, um wahr zu sein« spielt das Unterbewusstsein Gedanken wie: »Wenn ich mich so glücklich fühle, habe ich das Gefühl, dass bald etwas Schlimmes passieren wird«, »Das wird nicht von Dauer sein, deshalb mach das Beste daraus«, »Auf etwas Gutes folgt immer etwas Schlechtes«, »Ich bin nervös, denn normalerweise habe ich kein Glück«, »Wenn sich etwas zu gut anfühlt, um wahr zu sein, dann ist das mit Sicherheit auch so«. Diese Gedanken sind Ihnen wahrscheinlich vertraut – was beweist, dass es sich nur um Aufzeichnungen aus dem Kopf handelt und dass sie nicht nur bei Ihnen gespeichert sind.

Meine Lehrerin sagte einmal: Stelle dir vor, du nimmst einen Anruf entgegen, und die Stimme im Hörer ist eine Aufzeichnung, die dir mitteilt: ›Dies ist eine aufgezeichnete Nachricht: Überweisen Sie sofort Ihr gesamtes Geld auf folgendes Bankkonto, damit wir es sicher aufbewahren können.‹ Würdest du das tun? Würdest du der Stimme Glauben schenken? Nein, natürlich würdest du es nicht glauben. Aber warum glaubst du dann den Aufzeichnungen in deinem Kopf?

Ihre Überzeugungen bewirken Ihr Erleben

»Wir projizieren unsere Gedanken und Überzeugungen, und als unser Erleben kehren sie zurück.«
David Bingham

Sie müssen all das erleben, was Sie glauben, deshalb spielt es eine sehr wichtige Rolle, was Ihre Überzeugungen sind. Überzeugungen haben eine ungeheure Macht, weil sie sich fortwährend in Ihr Leben projizieren und sich selbst wahr machen. Es spielt keine Rolle, dass sie falsch sind; wenn Sie eine Überzeugung in Ihr Unterbewusstsein gepflanzt haben, wird sie Früchte tragen.

Sie können zum Beispiel nicht dem Glauben anhängen, dass Sie nur auf eine einzige Art und Weise mehr Geld erhalten können – nämlich wenn Sie schwerer und länger arbeiten –, und dann Geldregen aus verschiedenen Richtungen erleben, aus denen Sie es nie erwartet haben. Ihr Glaube verhindert, dass Geld aus anderen Quellen hereinkommt. So sehr beschränken wir uns durch unseren Glauben. Wenn Sie etwas über eine Person, einen Umstand oder eine Situation glauben, müssen Sie es erleben. Gedanken besitzen keine eigene Kraft, ohne dass die Energie Ihres Glaubens dahintersteht.

»Es gibt nur einen Grund für Unglück: die falschen Überzeugungen, die Sie in Ihrem Kopf haben – Überzeugungen, die so weit verbreitet und so allgemein akzeptiert sind, dass es Ihnen nie in den Sinn kommt, sie in Frage zu stellen.«
Anthony de Mello, S. J., aus: The Way to Love

»Unglück wird nur durch falsche Überzeugungen darüber verursacht, was das Leben wirklich ist.«
Peter Dziuban, aus: Simply Notice

Wir können sehr fest an unseren Überzeugungen hängen, selbst wenn sie uns echten Stress und Leiden verursachen und uns im Elend gefangen halten. Unser Glauben kann uns arm halten, kann uns krank machen, kann uns mit Angst füllen und unsere Beziehungen beschädigen oder zerstören. Unsere Überzeugungen sind wirklich nichts, das wir wertschätzen oder festhalten sollten.

Gleichgültig welche Umstände zurzeit in Ihrem Leben auftreten, sie werden von Ihrem Glaubenssystem in Ihrem Unterbewusstsein erzeugt.

»Indem wir die Überzeugungen ändern, die wir hegen, können wir die Erlebnisse ändern, die uns begegnen.«
David Bingham

»Viele unserer Ideen und Überzeugungen über uns und die Welt sind so tief verwurzelt, dass wir uns nicht bewusst sind, dass es sich um Glaubenssätze handelt, und wir halten sie ohne Hinterfragung für die absolute Wahrheit.«
Rupert Spira, The Transparency of Things

Der bereits verstorbene Dr. David R. Hawkins schrieb:

»Es ist oft nützlich, einige allgemein verbreitete Überzeugungen zu betrachten und sie gleich von Anfang an loszulassen, wie zum Beispiel:

1. Wir verdienen Dinge nur durch harte Arbeit, Kampf, Opfer und Anstrengung.

2. Leiden ist nützlich und gut für uns.

3. Von nichts kommt nichts.

4. Dinge, die sehr einfach sind, sind nicht viel wert.«
Dr. David R. Hawkins, aus: Loslassen

Die großen Weisen fordern uns auf, alles in Frage zu stellen. Durch Hinterfragen können wir unsere begrenzenden Überzeugungen entdecken, die die Wahrheit über uns und die Wahrheit verbergen, die unserer Welt zugrunde liegt.

»Nichts, was Sie glauben, ist wahr. Dies zu wissen ist Freiheit.«
Byron Katie

Seit unserer Kindheit haben wir Glaubenssätze und Überzeugungen in unser Unterbewusstsein gestapelt und konnten etwas von dem erfassen, was uns von den Erwachsenen vermittelt wurde. Überzeugungen entstehen, wenn wir einen bestimmten Gedanken – den wir gelesen oder im Fernsehen gehört haben – als wahr akzeptieren oder wenn wir eine Idee übernehmen, die uns andere erzählt haben. Auf die eine oder andere Weise stammen alle unsere Überzeugungen von anderen, ob von Eltern, Familie, Freunden, Lehrern oder der Gesellschaft. In dem Augenblick, in dem wir glauben, was uns jemand anderes sagt – Bingo! –, geht der Glaube ins Unterbewusstsein, von wo aus er sich in unserem Leben auswirken wird!

Wenn jemand beispielsweise glaubt: »Ich habe Probleme, abzunehmen und dann mein Gewicht zu halten«, verhindert diese Überzeugung, dass man abnimmt, ganz gleich, was man unternimmt.

Mit der Zeit verwurzeln sich die Überzeugungen fester im Unterbewusstsein, während wir ihnen immer mehr Gedanken zuführen, wie zum Beispiel: »Es muss mein Stoffwechsel sein, der es mir so schwer macht, Gewicht zu verlieren«, »Ich habe eine Diät nach der anderen ausprobiert, aber ich kann das Gewicht anscheinend nicht halten«, »Ich brauche Ewigkeiten, um Gewicht zu verlieren, und binnen kürzester Zeit habe ich es wieder auf der Waage«, »Übergewicht liegt bei uns in der Familie«.

»Das Unterbewusstsein regiert uns – es macht uns zu Opfern der Gewohnheit.«

Lester Levenson, aus: Happiness Is Free, *Volumes 1–5*

Die gute Nachricht ist: Überzeugungen, die nur aus schwachen Gedanken bestehen, sind leicht zu beseitigen, sobald Sie sich ihrer bewusst werden. Solange Überzeugungen im Unterbewusstsein gespeichert bleiben, wirken sie sich automatisch weiter in Ihrem Leben aus. Sobald Sie sich aber einen Ihrer Glaubenssätze wirklich bewusst machen, wird Ihr Glaube an ihn demontiert. Und wenn alle negativen Gefühle freigesetzt werden, wenn alle unbewussten Überzeugungen bewusst werden, ist das Ergebnis, dass Sie dauerhaft als Gewahrsein bleiben. Wenn Sie das eine entfernen, löschen Sie gleichzeitig das andere aus. Ich fahre dabei zweigleisig und lasse sowohl Überzeugungen als auch negative Gefühle frei, wann immer sie auftreten.

Das Aufdecken Ihrer begrenzenden Überzeugungen führt Sie schnell zu dauerhaftem Glück und völliger Freiheit. Auf diesem Wege verbessert sich Ihr weltliches Leben in jedem einzelnen Bereich dramatisch, da es nicht mehr durch Glaubenssätze eingeschränkt ist. Wenn es etwas gibt, von dem Sie glauben, dass Sie es nicht sein, tun oder haben können, ist dies eine begrenzende Überzeugung. Stellen Sie sich Ihr Leben ohne Begrenzungen vor!

Überzeugungen auflösen

Überzeugungen lösen Sie mit Gewahrsein auf – indem Sie ihrer bewusst gewahr werden. In dem Moment, in dem Sie sich *gewahr* sind, dass eine Überzeugung nicht wahr ist, bricht sie größtenteils zusammen und löst sich auf. Wenn Sie die Überzeugung weiterhin im Denken aufrufen und sich daran erinnern, dass es nur ein Glaubenssatz und nicht wahr ist, wird sich der Rest der Überzeugung unter dieser genauen Prüfung gänzlich auflösen. Dies vermag die unendliche Kraft des Gewahrseins.

Es kann ein wenig kompliziert sein, Ihre Überzeugungen aufzuspüren, eben gerade weil Sie glauben, dass sie eher die Wahrheit als eine Überzeugung sind! Doch sobald Sie sich einer Überzeugung bewusst werden, beginnt deren Auflösung, und was von ihr übrig bleibt, wird durch Ihr anhaltendes Gewahrsein zusammenbrechen.

Sie können sogar an einen Punkt kommen, an dem Sie sich nicht mehr daran erinnern können, was Sie früher geglaubt haben, weil jene Überzeugung wirklich verschwunden ist. Überzeugungen und Erinnerungen bestehen beide aus Gedanken und werden in unserem Unterbewusstsein gespeichert. Wird also eine Überzeugung gelöscht, werden auch alle mit ihr in Verbindung stehenden Gedanken verschwinden, einschließlich der Gedanken, die Ihre Erinnerung an sie bilden.

»Gib alles auf, was du glaubst. Früher oder später musst du dies tun.
Du kannst deine Überzeugungen und Glaubenssätze nicht mitnehmen,
wenn du hinübergehst, warum gibst du sie also nicht jetzt schon auf?
Gib deine Überzeugungen von Moment zu Moment auf. Entdecke
die Freude am Leben, das an kein Glaubenssystem gebunden ist. Das
Festhalten an Überzeugungen wie ›Glück erfordert Anstrengung‹ oder
›Es ist notwendig zu leiden, um glücklich zu sein‹ reicht sehr tief.«
Francis Lucille, aus: The Perfume of Silence

Jede Überzeugung, derer Sie sich bewusst werden und die sich folglich auflöst, wird Ihr Leben in Höhen der Freiheit, der Fülle, der Leichtigkeit und der Freude tragen, die Sie sich niemals hätten vorstellen können. Nehmen Sie sich diese Überzeugungen eine nach der anderen vor und befreien Sie sich davon! Gewahrsein hat keine Überzeugungen, denn Gewahrsein *weiß* alles.

»Tatsächlich sind Glaubenssysteme nichts. Sie sind ziemlich leicht
loszulassen. Sie sind nur Papiertiger! Es ist besser, sie gleich jetzt gehen
zu lassen und danach für immer glücklich zu leben.«
Francis Lucille, aus: The Perfume of Silence

Sie können dem Unterbewusstsein eine Anweisung geben, Ihre Überzeugungen für Sie hervorzuheben, damit Sie sich ihrer bewusster werden. Beauftragen Sie Ihr Unterbewusstsein etwa folgendermaßen: »Zeige mir meine Überzeugungen klar eine nach der anderen, damit ich jede einzelne bewusst wahrnehme.« Dann bleiben Sie sehr aufmerksam, damit Sie Ihre Überzeugungen bemerken, wenn sie auftauchen.

Merken Sie sehr bewusst auf, wenn Sie sich sagen hören: »Ich glaube« oder »Ich glaube nicht«, denn was diesen Worten unmittelbar folgt, ist ein Glaubenssatz. Merken Sie sehr bewusst auf, wenn Sie sich sagen hören: »Ich denke« oder »Ich denke nicht«, denn was diesen Worten folgt, wird höchstwahrscheinlich ebenfalls eine Überzeugung zum Ausdruck bringen.

Wenn Sie sehen, dass eine Überzeugung wirklich nur eine mentale Geschichte ist, die Sie glauben, löst sie sich nicht nur auf, sondern nimmt auch Tausende und Abertausende von Gedanken mit sich, die mit ihr verbunden sind – und die alle im Unterbewusstsein verborgen liegen. Überzeugungen bestehen nicht nur aus Gedanken, sondern sie ziehen ständig neue Gedanken an sich heran, die diesen Glauben unterstützen, und sie werden so lange Gedanken sammeln, wie wir unseren Glauben aufrechterhalten.

An einer Überzeugung kann jahrelang, jahrzehntelang oder ein Leben lang festgehalten werden, was erklärt, warum sich – angesichts von Tausenden von Gedanken, die mit einer Überzeugung in Verbindung stehen – so viele von uns schwer und belastet fühlen. Wir erkennen nicht, dass es unsere Überzeugungen sind, die unser Leben so schwer machen und bewirken, dass wir uns älter fühlen, und dass es unser Glauben ist, der uns daran hindert, das Leben zu führen, das wir verdienen. Stellen Sie sich zum Beispiel vor, wie viele Gedanken Sie mit dem Glauben verbunden haben, dass Sie nur eine von allen anderen getrennte Person sind. Stellen Sie sich nun das enorme Gefühl von Erleichterung, Leichtigkeit und Geräumigkeit vor, das Sie spüren würden, wenn sich eine Überzeugung von solcher Größe aufgelöst hat. Dieses Gefühl werden Sie selbst kennenlernen, wenn Sie es erleben!

»Sei wie ein Baum und lass die toten Blätter fallen.«
Rumi

Reaktionen: maskierte Glaubenssätze

»Reaktionen sind unbewusste Glaubenssätze.«
Peter Dziuban, aus: Simply Notice *(Hörbuch)*

Eine andere Möglichkeit, Überzeugungen aufzudecken, nutzen Sie, indem Sie sich Ihrer Reaktionen bewusst werden. Wenn wir auf etwas reagieren, so geschieht dies, weil wir einen Glauben in uns tragen, der die Reaktion ausgelöst hat. Reaktionen sind in Wirklichkeit verkleidete Glaubenssätze. Zum Beispiel: Wir erhalten unsere Stromrechnung, die viel höher ausgefallen ist als erwartet. Wir reagieren negativ. Was die Reaktion ausgelöst hat, ist der Glaube an einen Geldmangel, aber wie alle Überzeugungen ist er in unserem Leben nur deshalb wahr, *weil* wir daran glauben.

Alles, was Sie tun müssen, wenn Sie bemerken, dass Sie reagieren, ist sich der Reaktion bewusst zu werden. Wenn Sie sich der Reaktion bewusst sind, nehmen Sie ihr die Kraft, weil Ihr Gewahrsein die Macht ist, die jedes bisschen Negativität und Disharmonie auflöst.

»Wenn du reagierst, identifizierst du dich. Wenn du reagierst, nimmst du etwas persönlich. Beobachte stattdessen einfach die Reaktion.«
Meine Lehrerin

Denken Sie daran, dass Ihr Denken auf Dinge reagiert, nicht Sie. Es ist das Denken, das sich mit Dingen identifiziert und Dinge persönlich nimmt, weil es diese aus dem Blickwinkel einer Person sieht. Wenn Sie sich Ihrer Reaktionen bewusst werden – einfach indem Sie sie im Moment beobachten –, nehmen Sie nicht nur die Kraft zu reagieren aus Ihrem Kopf, sondern legen auch den Glauben frei, der sich hinter der Reaktion verbirgt; sobald dieser aufgedeckt wird, löst er sich auf.

»Wenn es ein Verhalten, eine Tendenz oder eine Gewohnheit gibt,
von der du frei sein möchtest, beachte, dass es bereits ein natürliches
Bewusstsein dafür gibt. Wenn du jenes Verhalten wirklich siehst
und es mit innerem Abstand betrachtest, wirst du sofort spüren, dass es
dich nicht mehr in seiner Gewalt hat und du frei davon bist, dich
weiter damit zu identifizieren. Das ist sehr wichtig.«
Mooji

Gewahrsein löst alles auf, was nicht wahr ist. Während sich eine Überzeugung nach der anderen auflöst, werden Sie den Unterschied in Ihrem Körper spüren; Sie werden sich leichter fühlen. Sie werden den Unterschied in Ihrer geistigen Gesundheit spüren; Sie werden sich glücklicher fühlen. Sie werden den Unterschied in Ihrem Leben sehen; Ihr Leben wird wirklich mühelos und wunderbar. Was auch immer Sie brauchen, was auch immer Sie wollen, scheint Ihnen einfach zuzufallen.

Ich möchte Ihnen einen weiteren Teil der erstaunlichen Geschichte von Lester Levenson erzählen. Wie Sie sich erinnern, wurde Lester binnen drei Monaten erleuchtet und heilte in der gleichen Zeit seinen Körper von mehreren Krankheiten. Zuvor hatte Lester mit gerade nur vierzig Jahren schwere Herzprobleme entwickelt und wurde von seinem Arzt quasi zum Tode verurteilt. Der Arzt sagte, dass Lester jeden Tag sterben könnte und dass es nichts mehr für ihn zu tun gebe. Lester ging nach Hause und hatte einige Tage große Angst vor dem Sterben. Dann entschied er, dass er für den Fall, dass er sterben werde, zumindest über sein Leben nachdenken und herausfinden wolle, warum er nur selten glücklich gewesen war. Damit begann der Prozess, in dessen Verlauf von nur drei Monaten Lester jede Überzeugung und unterdrückte negative Emotion in seinem Körper beseitigte. Nachdem all die Negativität seinen Körper verlassen hatte, löste sich das Herzleiden spontan von selbst auf und Lester lebte weitere vierzig Jahre in vollkommener Gesundheit und ständiger Freude. Noch wichtiger ist, dass Lester bei der Beseitigung all seiner Überzeugungen und unterdrückten Emotionen herausfand, wer er wirklich war.

Und jetzt wissen Sie, wie er es getan hat.

KAPITEL 9 Zusammenfassung

- *Eine Überzeugung ist nur ein Gedanke, den wir immer wieder denken, bis wir ihn glauben. Alle Überzeugungen sind begrenzt, weil sie aus dem Denken kommen.*

- *Eine Überzeugung wird in unserem Unterbewusstsein gespeichert, wo sie als ein automatisches Programm funktioniert.*

- *Überzeugungen projizieren sich fortwährend in Ihr Leben und machen sich selbst wahr.*

- *Gleichgültig welche Umstände zurzeit in Ihrem Leben auftreten, sie werden von Ihrem Glaubenssystem erzeugt.*

- *Merken Sie sehr bewusst auf, wenn Sie sich sagen hören: »Ich glaube« oder »Ich glaube nicht«, denn was diesen Worten unmittelbar folgt, ist ein Glaubenssatz.*

- *Merken Sie sehr bewusst auf, wenn Sie sich sagen hören: »Ich denke« oder »Ich denke nicht«, denn was diesen Worten höchstwahrscheinlich folgt, wird ebenfalls eine Überzeugung zum Ausdruck bringen.*

- *Stellen Sie alles in Frage. Durch Hinterfragen können wir unsere begrenzenden Überzeugungen entdecken, die die Wahrheit verbergen.*

- *Solange Überzeugungen im Unterbewusstsein gespeichert bleiben, wirken sie sich automatisch weiter in Ihrem Leben aus. Sobald Sie sich aber einen Ihrer Glaubenssätze wirklich bewusst machen, wird Ihr Glaube an ihn demontiert.*

- *Jede Überzeugung, derer Sie sich bewusst werden und die sich folglich auflöst, wird Ihr Leben in Höhen der Freiheit, der Fülle, der Leichtigkeit und der Freude tragen.*

- *Sie können dem Unterbewusstsein eine Anweisung geben, Ihre Überzeugungen für Sie hervorzuheben, damit Sie sich ihrer bewusster werden. »Zeige mir meine Überzeugungen klar eine nach der anderen, damit ich jede einzelne bewusst wahrnehme.«*

- *Wenn sich eine Überzeugung auflöst, nimmt sie auch Tausende und Abertausende von Gedanken mit sich, die mit ihr verbunden sind und alle im Unterbewusstsein verborgen liegen.*

- *Wir erkennen nicht, dass es unsere Überzeugungen sind, die unser Leben so schwer machen und bewirken, dass wir uns älter fühlen, und dass es unser Glauben ist, der uns daran hindert, das Leben zu führen, das wir verdienen.*

- *Um Überzeugungen aufzudecken, achten Sie auf Ihre Reaktionen. Reaktionen sind in Wirklichkeit verkleidete Glaubenssätze.*

- *Alles, was Sie tun müssen, wenn Sie bemerken, dass Sie reagieren, ist sich der Reaktion bewusst zu werden. Wenn Sie sich der Reaktion bewusst sind, nehmen Sie ihr die Kraft.*

KAPITEL 10

Immer-währendes Glück

»Ich lebe in der ewig glücklichen Gegenwart. Es ist kein alltägliches Glück, das nach einer Weile langweilig wird, sodass man zur Abwechslung mal eine kleine Schwierigkeit willkommen heißt. Die Freude, die über mich gekommen ist, ist tausend Millionen Mal berauschender – ständig wechselnd, immer neu. In diesem Bewusstsein fühlt man das ganze Glück der Welt durch sich fließen.«

Paramahansa Yogananda

Sie *sind* Glück. Das ist Ihre wahre Natur. Glück ist nicht etwas, das Ihnen passieren wird, wenn Sie etwas erhalten haben, das Sie wollten, wenn Sie sich besser fühlen, etwas Schwieriges durchstehen oder ein bestimmtes Ziel erreichen. Glück – eine endlose Quelle des Glücks – ist gerade jetzt in Ihnen!

»Man muss das Selbst erkennen, um den Vorrat reinen Glücks zu erschließen.«

Ramana Maharshi, aus: Sei, was du bist!

»Erwarte nicht, reinen Frieden und Glück aus dem irdischen Leben zu erlangen. Dies sollte deine neue Haltung sein: Egal, was du erlebst, genieße es auf objektive Weise, als wäre es ein Film. Wahren Frieden und Glück musst du in dir selbst finden.«

Paramahansa Yogananda, aus: Die Reise der Seele nach innen

»Glück ist unser natürlicher Zustand. Glück ist der natürliche Zustand kleiner Kinder, denen das Königreich gehört, bis sie durch Gesellschaft und Kultur verschmutzt und verdorben wurden. Um Glück zu erlangen, müssen Sie nichts tun, denn Glück kann man nicht erlangen. Weiß jemand, warum? Weil wir es schon haben. Wie könnten Sie erwerben, was Sie bereits haben? Aber warum erleben Sie es dann nicht? Sie müssen Illusionen fallen lassen. Sie müssen nichts hinzufügen, um glücklich zu sein; Sie müssen etwas loslassen. Das Leben ist einfach, das Leben ist köstlich. Es ist nur schwer für Ihre Illusionen.«

Anthony de Mello, S. J., aus: Awareness. Conversations with The Masters

Ich lebe jetzt mit einer Grundstimmung des Glücks, die mich die ganze Zeit begleitet und daherkommt, dass ich negative Gefühle willkommen heiße und als Gewahrsein bleibe. Es gab jedoch mehrere Gelegenheiten, bei denen ich von einem wirklich seligen Glück überwältigt wurde, das über alles hinausgeht, was ich zuvor gefühlt habe. Es scheint aus dem Nichts zu kommen. Damit meine ich, dass es nichts gab, was es verursacht hat. Wenn es erscheint, verschwindet jegliche Negativität. Alle schmerzlichen Erinnerungen aus meinem Leben sind in diesem Moment verschwunden, als ob es sie nie wirklich gegeben hätte. Diese Glückseligkeit erkenne ich sofort als das Glück unserer wahren Natur. Man kann es nicht mit dem Glück vergleichen, das wir empfinden, wenn wir etwas bekommen, das wir wollen. Es ist eine Dimension des Glücks, die über alles hinausgeht, was ich jemals empfunden habe.

Da ich dies mit Ihnen teile, hoffe ich, dass Sie sich der Möglichkeit öffnen können, es auch zu erleben. Wenn Sie Ihren natürlichen Glückszustand einmal gefühlt haben, möchten Sie immerzu in diesem Zustand leben.

»Ich fand eine Freude in mir, die nie verschwunden ist, nicht für einen einzigen Augenblick. Diese Freude ist in jedem, immer.«

Byron Katie, aus: Eintausend Namen für Freude

Dieses Glück ist wie das Gefühl, sich zu verlieben, ob man sich in einen Partner verliebt oder ob eine Mutter sich in ihr neugeborenes Baby verliebt. Kennen Sie die Seligkeit, Hals über Kopf völlig verliebt zu sein? Man will einfach, dass dieses Gefühl niemals aufhört. Der Grund, warum wir ein solches Glücksgefühl erleben, wenn wir uns verlieben, ist, dass wir uns selbst in der anderen Person verlieren, und wenn wir das Ego-Bewusstsein verlieren, steht Gewahrsein sofort im Vordergrund, strahlend freudig und glückselig.

»Jeder sucht in allem Handeln genau das Gleiche. Die Welt nennt es das höchste Glück. Wir nennen es das *Ich*, das ich bin. Entdecke dich selbst, und du entdeckst das höchste Glück und erlangst die größte Zufriedenheit.«
Lester Levenson

»Ganz einfach gesagt: Glück ist, Sie selbst zu sein. Nicht das begrenzte Selbst, das zu sein Sie die meiste Zeit vorgeben, sondern das unbegrenzte Selbst, das Sie sind und immer waren. Dies ist das Selbst, das immer mühelos gegenwärtig ist vor, während und nach allem anderen, was in Ihrem Erleben erscheint. Sie sind der strahlende und doch unveränderliche Hintergrund, vor dem alles andere existieren kann.«
Hale Dwoskin, aus: Happiness Is Free

»Um Wahrheit oder Glück zu finden, müssen Sie nach innen gehen; Sie müssen das Einssein sehen, Sie müssen das Universum so sehen, wie es wirklich ist, als nichts als Ihr Bewusstsein, das nichts ist als Ihr Selbst. Das ist nun schwer zu beschreiben; es ist etwas, das man erleben muss. Erst wenn man es erlebt, kennt man es. Man kann es nicht dadurch mitbekommen, dass man jemandem zuhört. Bücher und Lehrer können nur die Richtung weisen. Es ist an uns, es anzunehmen. Das ist eines der schönen Dinge auf dem Weg. Es gibt nichts, was man glauben muss, jeder muss alles zu seiner eigenen Zufriedenheit erlebt und bewiesen haben, bevor es akzeptiert wird.«
Lester Levenson, aus: Happiness Is Free, *Volumes 1–5*

Gewahrsein ist gleich Glück

Sie sind keine Person, die glücklich ist – Sie sind das Glück selbst. Ihre wahre Natur, Gewahrsein, *ist* Glück. Es gibt kein anderes Glück als das Glück Ihrer wahren Natur. Das Glück, das Sie zu irgendeinem Zeitpunkt in Ihrem Leben empfunden haben, *ist* das Glück des Gewahrseins! Bei diesen Gelegenheiten, als Sie sich glücklich fühlten, erhielten Sie einen winzigen Einblick in die Herrlichkeit, die Sie sind.

»Verstehe, dass ein Moment des Glücks aus Gnade kommt, und dieser Moment des Glücks uns lehrt, dass Glück nicht in einem Objekt ist. Wir müssen wissen, dass wir dieses Glück im Augenblick sind. Das Objekt ist fast ohne Belang. Das Objekt ist Teil eines Traums, aber das Glück ist real.«
Francis Lucille, aus: The Perfume of Silence

Wenn Sie glücklich sind, wird das Leben Ihren Weg gehen. Es gibt nichts Besseres für Ihre Lebensumstände, als sich glücklich zu fühlen. Wenn Sie glücklich sind, lösen sich Probleme gern von selbst und die Dinge ergeben sich leicht, ohne dass Sie sich irgendwie anzustrengen brauchen. Wenn Sie glücklich sind, ist es, als würde sich das ganze Universum zu Ihrem Vorteil verschwören und alles präsentieren, was Sie brauchen, sowie Sie es benötigen. Je glücklicher Sie sind, desto müheloser ist Ihr Leben. Je unglücklicher Sie sind, desto mehr Mühe wird für alles, was Sie tun, erforderlich sein.

»Je mehr Ego-Motivation Sie haben, desto schwieriger ist es, etwas zu erreichen, desto weniger ist die Harmonie und desto größer das Elend.«
Lester Levenson, aus: Happiness Is Free, *Volumes 1–5*

Es gibt kein Glück auf der Welt

»Manche von uns suchen das Glück dort, wo es ist, und werden dadurch glücklicher. Andere suchen es blind in der Welt, wo es nicht ist, und werden immer frustrierter.«

Lester Levenson, aus: Happiness Is Free, *Volumes 1–5*

Wenn wir das Glück in der Welt suchen, ist unser Glück flüchtig. Gleichgültig wie viele Dinge wir erwerben oder wie viel wir erleben, das Glück von materiellen Dingen oder Erlebnissen muss kommen und gehen. Und dann sind wir wieder am Ausgangspunkt und suchen Glück durch das nächste materielle Ding oder Erlebnis. Dauerhaftes Glück, von dem wir uns glauben gemacht haben, dass es in der Welt sei, gibt es einfach nicht.

»Doch erst, wenn wir nach innen gehen, entdecken wir, dass alles Glück da ist. Der einzige Ort, an dem wir Glück fühlen können, ist direkt in uns. Genau dort ist es. Jedes Mal, wenn wir dieses Glück etwas Äußerem, einer Person oder einem Ding zuschreiben, bringt es uns mehr Leid, als wir Freude daran haben.«
Lester Levenson, aus: Happiness Is Free, *Volumes 1–5*

»Wir müssen nicht auf die richtigen Umstände warten,
um glücklich zu sein.«
Rupert Spira

Alle Menschen, die jemals gelebt haben oder derzeit leben, wurden von derselben einen Absicht motiviert – dem Verlangen nach Glück. Alles, was wir tun, alles, was wir nicht tun, alles, was wir anstreben, entwerfen, anzetteln, leben, wünschen und träumen, geschieht, weil wir glauben, glücklicher zu sein, wenn wir es haben oder nicht haben. Die Suche nach Glück ist der einzige Beweggrund für jede Entscheidung, die jeder Mensch trifft – und man schätzt, dass wir täglich 35.000 Entscheidungen treffen! Doch all das Planen, Verschwören, Handeln, Schwitzen, Tränenvergießen und Entscheiden bringt uns dem Glück nicht näher, das wir in der Welt vergeblich suchen. Das Glück, das wir suchen, war die ganze Zeit genau hier, in uns.

»Und was ist der Ausweg? Nicht in der Welt nach dem Glück
zu suchen, sondern den Ort zu betrachten, an dem das Glück ist:
direkt in uns, in unserem eigenen Bewusstsein.«
Lester Levenson, aus: Happiness Is Free, *Volumes 1–5*

Ich werde glücklich sein, wenn …

Wenn wir glauben, das Glück komme von außen, können wir leicht der Gewohnheit verfallen, unser Glück warten zu lassen, bis die Bedingungen stimmen. Haben Sie jemals gedacht oder gesagt: »Ich werde glücklich sein, wenn …« und den Satz mit irgendeinem Ereignis in der Zukunft beendet? »Ich werde glücklich sein, wenn die Prüfungen vorbei sind und ich meinen Abschluss mache«, »Ich werde glücklich sein, wenn ich ein neues Auto bekomme«, »Ich werde glücklich sein, wenn ich einen Partner finde«, »Ich werde glücklich sein, wenn ich verheiratet bin«, »Ich werde glücklich sein, wenn ich mehr Geld habe«, »Ich werde glücklich sein, wenn ich erfolgreich bin«, »Ich werde glücklich sein, wenn ich im Urlaub bin«, »Ich werde glücklich sein, wenn ich abgenommen habe«, »Ich werde glücklich sein, wenn wir ein Baby haben«, »Ich werde glücklich sein, wenn mein Geschäft gut läuft«, »Ich werde glücklich sein, wenn sich meine Gesundheit verbessert und ich mich selbst besser fühle«, und so weiter.

Wenn wir glauben, dass Glück von äußeren Dingen komme, sperren wir unser Glück in einen Warteraum. Dann warten wir darauf, dass etwas oder jemand uns glücklich macht. Aber es ist unmöglich, durch äußere Dinge dauerhaft glücklich zu werden. Es wird niemals geschehen, ganz gleich wie lange wir warten.

Wenn Sie lange genug gelebt haben, erfolgreich genug waren und viele wundervolle Dinge erleben konnten, haben Sie vielleicht bereits entdeckt, dass Glück auf der Welt nicht zu finden ist. Vielleicht haben Sie diese Wahrheit besonders deutlich erkannt, als ein wirklich großer Traum für Sie in Erfüllung gegangen ist. Wir überreden uns zu der Erwartung, dass wir endlich wirklich glücklich sein werden, wenn unser größter Traum wahr wird, zum Beispiel wenn wir einen großen Erfolg erzielen, Wohlstand erwerben, den perfekten Partner finden oder Kinder haben.

Aber wenn ein großer Traum wahr wird – auch wenn er wunderbar und aufregend ist –, stellen wir fest, dass das dauerhafte Glück, von dem wir dachten, dass wir es von nun an haben würden, fast ebenso flüchtig ist wie bei allem anderen. Und endlich erkennen wir vielleicht durch unsere eigene bittere Erfahrung, dass Glück nicht von außen zu uns kommt.

Für manche kann dies ein recht ernüchternder Moment sein, denn oft wird dann die Schlussfolgerung gezogen, dauerhaftes Glück sei eine Fantasie und werde niemals eintreten.

Doch dauerhaftes Glück ist keine Fantasie. Es ist die Wahrheit Ihres Seins und es ist Ihre Natur. Nach all unserem nutzlosen Suchen ist es eine Entdeckung von großer Tragweite, wenn Sie schließlich sehen, dass das Glück, das Sie anstreben, gerade jetzt in Ihnen selbst liegt! Wenn Sie diese Wahrheit erkennen können, ist dauerhaftes Glück in Reichweite, denn Sie werden nie wieder vergeblich bei anderen Menschen oder draußen in der Welt suchen, um es zu finden.

»Wenn Sie das erkennen, macht es den Weg sehr unmittelbar. Sie hören auf, dem Regenbogen nachzujagen, und suchen das Glück dort, wo Sie wissen, dass es ist – direkt in Ihnen.«
Lester Levenson, aus: Happiness Is Free, *Volumes 1–5*

Stellen Sie sich das vor. Milliarden von Menschen haben über viele tausend Jahre hinweg verzweifelt Tag für Tag ihres Lebens nach Glück gesucht. Sie haben es gesucht, als könnte man es an allen möglichen Orten auf der Welt finden. Dabei hat es die ganze Zeit nur einen Ort gegeben, an dem man es finden kann – in unserer wahren Natur, im Gewahrsein. Die ganze Geschichte ist wie ein großer kosmischer Witz. Vielleicht lachte Buddha deshalb so heftig unter dem Bodhi-Baum, als er nach sechzehnjähriger Suche in der Welt endlich entdeckte, dass die Wahrheit in ihm war. Wenn Sie darüber nachdenken, hat die Geschichte der Menschheit gezeigt, dass nicht viele von uns jemals daran gedacht haben, das Glück im Inneren zu suchen.

Doch wir alle haben im Laufe des Lebens viele Wegweiser erhalten – oft durch bittere Erfahrung –, die uns zeigten, dass Glück nicht aus der Welt kommt. Jedes Mal, wenn Glück in Ihr Leben kam und ging, war es ein weiterer Hinweis, der Ihnen nahelegte, sich von der Welt abzuwenden und nach innen zu schauen.

Jetzt können wir nach Glück suchen, wo es wirklich ist, anstatt dort, wo man es nicht findet. Sie können aufhören, bei Ihrem Partner oder Ihren Kindern nach dauerhaftem Glück zu suchen. Sie können aufhören, auf Ihren Job, ein neues Zuhause, Kleidung, Urlaub oder ein Auto zu setzen, um dauerhaft glücklich zu sein. Keines dieser Dinge kann Sie dauerhaft glücklich machen, denn sie alle ändern sich ständig. Ganz zu schweigen davon, dass sich auch Ihre Persönlichkeit ständig ändert. Was Ihnen heute gefällt, mögen Sie morgen nicht mehr. Ihr Glück liegt in dem *wirklichen*, unveränderlichen Gewahrsein. Niemand kann es Ihnen geben.

Gewiss können wir all die wunderbaren Dinge genießen, die wir in der Welt sein, tun oder haben wollen, aber wir können diese Dinge mit dem vollen Wissen genießen, dass der einzige Ort, an dem wir echtes, dauerhaftes Glück finden, in uns ist.

»Du kannst Glück nicht erwerben. Glück ist deine Natur. Glückseligkeit wird nicht neu verdient. Es gibt nur eines zu tun: Unglück zu beseitigen.«
Ramana Maharshi

Ihre Gedanken bestimmen, wie Sie sich fühlen; wenn Sie also nicht glücklich sind, liegt es daran, dass Sie über etwas nachdenken, das Sie nicht wollen. Ihr Verstand kann nur in der Vergangenheit oder in der Zukunft funktionieren, also entweder denken Sie an etwas in der Vergangenheit, das Sie jetzt unglücklich macht, oder Sie denken an etwas in der Zukunft, das Sie jetzt unglücklich macht.

»Gedanken ersticken die Fähigkeit, glücklich zu sein.«
Lester Levenson, aus: Happiness Is Free, *Volumes 1–5*

Was also zwischen Ihnen und dem dauerhaften Glück und dem steht, wer Sie wirklich sind, ist ein Gedanke. Ob es ein trauriger Gedanke, ein ängstlicher Gedanke, ein wütender Gedanke oder ein frustrierender Gedanke ist, am Ende sagen all diese Gedanken dasselbe – »Ich will das nicht« – in Bezug auf etwas, das geschehen ist. Und weil Sie diesem einen Gedanken glauben, senkt sich das Unglück wie eine Decke über Sie herab und deckt das Glück zu, das Sie wirklich sind.

»Zuerst kommt der Gedanke, dann das Gefühl, dann die Emotion (zum Beispiel Tränen). Es läuft immer so ab, und oft spüren die Menschen als Erstes die Emotion und merken nicht, dass es zuerst einen subtilen Gedanken gab, der das Gefühl erzeugte und dann die Emotion.«
Sailor Bob Adamson

»Der einzige Grund, warum du erlebst, dass du unglücklich bist, ist, weil du dich mit einem unglücklichen Gedanken identifizierst.«
Meine Lehrerin

»Das Leben ist einfach. Alles *fällt* Ihnen zu, nichts *stößt* Ihnen zu. Alles geschieht genau im richtigen Moment, weder zu früh noch zu spät. Dies muss Ihnen nicht gefallen … aber es ist einfacher, wenn es Ihnen gefällt.«
Byron Katie, aus: Eintausend Namen für Freude

Hoffentlich beginnen Sie allmählich, das Chaos zu sehen, das in Ihrem Leben angerichtet werden kann, wenn Sie Ihrem Verstand und seinen negativen Gedanken glauben. Jedes Mal, wenn ich die Gelegenheit hatte, jemandem bei Schwierigkeiten oder Problemen zu helfen, war der Grund für sein Leiden der Glaube an die negativen Gedanken seines Geistes. Jedes Mal, wenn ich Schwierigkeiten in meinem eigenen Leben hatte, war es ebenso, weil ich meinem Verstand und seinen negativen Gedanken glaubte. Wenn Sie also Schmerz oder Verletzung aufgrund einer Situation empfinden, nehmen Sie, wenn es möglich ist, dieses schmerzliche Gefühl als einen Weckruf an, der Ihnen sagt, dass Sie gerade negativen Gedanken glauben, die nicht wahr sind. Sobald Sie aufhören, Ihrem Verstand zu glauben, werden Sie feststellen, dass er dazu neigt, sich den meisten Dingen zu widersetzen und Ihr angeborenes Glück auszuschalten.

»Was ist los, wenn du nicht darüber nachdenkst?«
Sailor Bob Adamson, aus: A Sprinkling of Jewels

»Der Frieden, den du suchst, ist bereits da. Dieser Frieden ist scheinbar verdeckt, weil unsere Aufmerksamkeit zum Denken abgelenkt wird.«
Kalyani Lawry

Bei all dem Geplapper des Verstandes, seinem ununterbrochenen Kommentieren, seiner Widersprüchlichkeit und seiner Schläge für uns ist es überraschend, dass so viele ihm immer noch glauben, als wäre er *die* Autorität in der Welt. Sie müssen Ihren Verstand nicht abstellen, beschwichtigen oder beruhigen; Sie müssen einfach aufhören, ihm zu glauben! Wenn Sie aufhören, ihm zu glauben, wird er automatisch leiser, und dann wird ein Glück in Ihnen aufsteigen wie eine Flutwelle der Seligkeit.

Dem Glück widerstehen

Er scheint unglaublich, doch viele von uns wehren sich dagegen, glücklich zu sein. Wir wissen nicht, dass wir dies tun, weil unser Widerstand von einer unterdrückten Überzeugung herrührt. Diese könnte bereits gespeichert worden sein, als wir noch Kinder waren und aufgefordert wurden, unsere natürliche, offenherzige Begeisterung und Freude zu zügeln. Haben Sie jemals Dinge gehört wie: »Sei kein Kindskopf«, »Werde erwachsen«, »Spiele dich nicht so auf« oder »Beruhige dich und sei still«? Dann könnten Sie daraus die Überzeugung entwickelt haben, dass Sie ruhig und still sein müssen, um Anerkennung zu finden, denn wenn Sie aufgeregt und voller Freude herumliefen, bekamen Sie Schwierigkeiten, weil Sie laut waren. In der Folge gewöhnten wir uns im Laufe der Zeit allmählich daran, unsere natürliche Freude zu dämpfen und einzuschränken. Sowie wir erkennen, dass wir uns dem Glück widersetzt haben, durchbrechen wir jenen Glauben und nehmen ihm den größten Teil seiner Kraft.

»Wir sind von Natur aus glücklich. Wenn wir also kein Glück erleben, wehren wir uns dagegen.«
Meine Lehrerin

»Wären Sie nicht aktiv daran beteiligt, sich unglücklich zu machen,
wären Sie glücklich.«
Anthony de Mello, S. J., aus: Das Leben neu entdecken

Wir müssen nichts tun, um glücklich zu sein. Stattdessen müssen wir aufhören, das zu tun, was uns unglücklich macht!

»Es ist keine Herausforderung, glücklich zu sein. Es ist eine
Herausforderung, unglücklich zu sein. Wenn du sagst, es sei eine
Herausforderung, glücklich zu sein, bedeutet dies, dass Glück mit
Anstrengung, ständiger Wachsamkeit und Kampf einhergehe.
Wenn wir glauben, dass Glück Anstrengung und Kampf erfordere,
verlängert dies nur das Elend.«
Francis Lucille, aus: The Perfume of Silence

»Kannst du das grundlegende unbegrenzte Glück
deines Seins nicht spüren?«
Meine Lehrerin

Wenn unser natürlicher Zustand Glück ist, dann stellen Sie sich vor, welch enorme Menge an Energie es braucht, um unglücklich zu sein.

Überall auf der Welt ist es Widerstand, was den meisten Menschen das Glück genommen hat. Anstatt zuzulassen, dass die Dinge so sind, wie sie sind, wehren wir uns gegen das, was geschieht oder was geschehen ist, mit einem einzigen wiederholten Gedanken: »Ich will nicht …« Und dann ergänzen wir den Satz mit einem beliebigen Ende aus der endlosen »Will-nicht-Liste«.

»Nichts Äußeres kann uns stören. Wir leiden nur, wenn wir die Dinge
anders wollen, als sie sind.«
Byron Katie, aus: Lieben was ist

»Glück ist einfach zuzulassen, dass alles genau so ist, wie es ist, von Augenblick zu Augenblick.«
Rupert Spira

Wenn Sie aufhören können, sich dem zu widersetzen, was in Ihrem Leben und in der Welt geschieht, dann gehört Ihnen seliges Glück. Erleuchtung ist nur ein anderes Wort für Glückseligkeit. Erleuchtet ist, was Sie bereits sind. Glückseligkeit ist, was Sie bereits sind. Sie sind nicht etwas, das nur einige wenige erleben können – Erleuchtung und Glückseligkeit *sind Sie* und alle anderen!

Verhaftetsein

»Wenn Sie genau hinsehen, werden Sie feststellen, dass es eine – und nur eine – Sache gibt, die Unglück verursacht. Diese Sache heißt Verhaftetsein.«
Anthony de Mello, S. J., aus: The Way to Love

Zum Verhaftetsein kommt es, wenn wir aus Angst, etwas zu verlieren, daran festhalten, weil wir glauben, dass wir ohne es nicht glücklich sein können. Verhaftetsein wird oft mit Liebe verwechselt, aber Verhaftetsein ist keine Liebe. Liebe hat keine Angst. Liebe lässt alles frei, ob es kommt oder geht. Verhaftetsein maskiert sich als Liebe, doch Verhaftetsein möchte etwas ergreifen und festhalten aus Angst, es zu verlieren.

»Nicht Liebe ist blind, sondern Verhaftetsein. Verhaftetsein ist der Zustand des Festhaltens, der von dem falschen Glauben herrührt, etwas oder jemand sei notwendig, damit Sie glücklich sind.«
Anthony de Mello, S. J., aus: The Way to Love

Stellen Sie sich zwei Personen vor, die in derselben Firma arbeiten. Beide sagen, dass sie ihre Arbeit lieben und jeden Tag gerne zur Arbeit gehen. Dann kommen sie eines Tages in den Betrieb und hören, dass noch am selben Tag Personal abgebaut werde. Person A hört die Nachricht, und ihr Körper füllt sich sofort mit Angst. »Was mache ich, wenn ich entlassen werde? Was ist, wenn ich keinen anderen Job bekomme? Ich werde meine Rechnungen oder meine Hypothek nicht bezahlen können. Ich werde mein Zuhause verlieren.« Alle diese Gedanken kommen aus dem Verhaftetsein mit seinem Job. Alle diese Gedanken sind von Angst bestimmt.

Person B hat inzwischen eine andere Perspektive. Sie weiß, dass sie glücklich sein wird, ganz gleich, was geschieht. Sie weiß, dass sich die Dinge im Leben ständig ändern und alles zum Besten geschieht, auch wenn es manchmal nicht so aussieht. Sie weiß aus eigener Erfahrung: Wenn etwas Unerwartetes passiert, kommt etwas Besseres. Wenn ihre Arbeitsstelle aus irgendeinem Grund abgebaut wird, wird sich ein anderer Job finden, und Person B weiß, dass es dann noch besser laufen wird. Das ist Nicht-Verhaftetsein.

Was meinen Sie: Wer von beiden ist der glücklichere Mensch? Wer, denken Sie, hat ein besseres Leben?

»Tatsache ist, dass Sie keine Ahnung haben, was Glück ist, bis Sie die Anhaftung aufgegeben haben.«
Anthony de Mello, S. J., aus: Das Leben neu entdecken

»Mein Leben ist eine Abfolge von Ereignissen, genau wie deins.
Nur dass ich losgelöst bin und das Vorübergehende als eine
vorbeiziehende Bilderfolge sehe, während du dich an Dinge hängst
und dich mitziehen lässt.«
Nisargadatta Maharaj, aus: Ich bin. Gespräche mit Sri Nisargadatta Maharaj

Im Falle des Festhaltens an einem Menschen kommt diese Bindung aus dem Glauben an einen Mangel an Liebe. Sie glauben, dass diese eine Person den Schlüssel zu Ihrer Liebe und Ihrem Glück besitze, und ohne sie werde Ihre Liebe und Ihr Glück verschwunden sein. Ihr Glaube rechtfertigt das Verhaftetsein und bringt Sie in extreme Gefahr, weil sich alles ständig ändert und keiner für immer da ist.

»Die Menschen brauchen einander und denken, es sei Liebe. Wenn man liebt, gibt es kein Festhalten oder Einzäunen des anderen.«
Lester Levenson

Verhaftungen reichen sehr tief. Oft bilden unsere Verhaftungen die Identität der Person, für die wir uns halten, und wir haben das Gefühl, wir würden unsere Identität verlieren, wenn wir unsere Verhaftungen losließen. Also klammern wir uns an sie, während diese uns schon immer unseres Glücks beraubt haben und uns im Elend gefangen hielten.

Wenn Sie glauben, es gebe nur eine begrenzte Menge von etwas, hängen Sie sich an das, was Sie haben. Wir können an unserem Körper, unserem Geist, unserem Selbstbild, unserem Partner, an Kindern, Eltern, Familie, Freunden, Haustieren, Karriere, persönlichen Leistungen, Ruhm, Fähigkeiten, Hobbys, Religion, Erfolg und materiellen Objekten wie unserem Auto oder unserem Haus haften sowie auch an unseren Meinungen, Überzeugungen und Standpunkten. Sie haben wahrscheinlich schon Menschen erlebt, die ihren Glauben in Politik, Religion und einer Heerschar anderer Bereiche vehement verteidigten, weil sie so sehr an ihren Überzeugungen festhielten.

»Wir sind so sehr mit unseren Gedanken verheiratet,
dass wir nie auch nur auf die Idee kommen, uns von ihnen
scheiden zu lassen. Und bis wir das tun, werden wir
weiterhin blind an physischen Körpern hängen und insgesamt
ein elendes Leben führen.«
Lester Levenson, aus: Happiness Is Free, *Volumes 1–5*

Im Laufe der Jahre kann sich unser Verstand fest an eine Vielzahl fixer Ideen binden. Paradoxerweise binden uns diese Ideen, an denen wir festhalten, tatsächlich an unser Dasein als begrenzte Person, machen uns das Leben schwer und ersticken unser natürliches Glück.

Die Geschichte hat uns gezeigt, dass Menschen so fest an ihren Überzeugungen hängen können, dass sie lieber sterben, als von ihnen abzulassen. Für manche Menschen sind die Bindungen an ihren Glauben das Einzige, das sie trotz ihres Elends weitermachen lässt.

»Die Leute wollen nicht glücklich sein. Um glücklich zu sein, müssen sie ihre Überzeugungen und Ideen ändern, aber sie klammern sich daran. Auf keinen Fall, sagen Sie. Wir weigern uns, glücklich zu sein, wenn unsere Wünsche nicht erfüllt werden.«
Anthony de Mello, S.J.

Wenn Sie sich nacheinander von all Ihren Meinungen und festen Vorstellungen befreien könnten, wären Sie erleuchtet, denn wenn Sie frei von jeglichem Urteilen sind, lassen Sie zu, dass die Dinge so sind, wie sie sind. Dann würden Sie Ehrfurcht vor der Freude und dem Glück empfinden, die Ihr Wesen durchfluten, ganz zu schweigen davon, wie sich Ihr Leben in jedem Bereich auf natürliche Weise verbessern würde.

In der Jubiläumsausgabe von *Das Geheimnis* schrieb ich: Je weniger Meinungen Sie haben, je weniger Schlussfolgerungen Sie ziehen, je weniger feste Vorstellungen Sie unterhalten, desto mehr Glückseligkeit und Freude werden Ihnen gehören.

Was tatsächlich verhaftet ist, sind nicht *Sie,* sondern Ihr Verstand! Verhaftungen sind ein Honigschlecken für den Verstand, denn sie stärken ihn und halten uns in dem Glauben gefangen, dass wir eine begrenzte, separate Person seien statt des unbegrenzten, glückseligen Gewahrseins, das wir wirklich sind. Weil Verhaftungen aus Ihrem Geist kommen, werden

Sie spürbar Angst empfinden, wenn etwas bedroht ist, an das der Geist gebunden ist.

Die größte Verhaftung Ihres Geistes ist seine Bindung daran, ein Ego und eine individuelle Person zu sein. Obwohl die Wahrheit – dass wir in Wirklichkeit das eine Gewahrsein sind – so wunderbar ist, hält unser Geist an der Vorstellung fest, eine separate Person zu sein.

Für ein Leben in Verhaftung gibt es kein anderes Resultat als Kummer und Leiden, denn nichts in dieser materiellen Welt ist von Dauer oder für immer, auch nicht unser Körper. Ohne dass Sie es merken, hat Ihr Verstand Ihr Glück gegen Verhaftungen eingetauscht.

Anthony de Mello fand ansprechende Worte über das Verhaftetsein in seiner Interpretation der vier edlen Wahrheiten Buddhas:

»Die Welt ist voller Kummer.
Die Wurzel des Kummers ist das Verlangen
nach Verhaftung. Die Lösung für ein Leben
ohne Kummer ist, die Verhaftung aufzugeben.«
Anthony de Mello, S. J., aus: Das Leben neu entdecken

Sie können wünschen und haben, was Sie wollen; problematisch wird es erst, wenn Sie an diesen Dingen hängen.

Gewahrsein versus Verhaftetsein

Sie müssen sich nicht abmühen, Ihr Verhaftetsein zu beseitigen. Sie müssen sich nicht enorm anstrengen in dem Versuch, Ihr Empfinden zu ändern. Verhaftetsein entsteht durch die Identifikation mit dem Verstand. Um sich von Verhaftungen zu befreien, müssen Sie nur immer mehr im Gewahrsein bleiben, und alle Ihre Bindungen werden eine nach der anderen abfallen! Ich kann Ihnen gar nicht erzählen, wie unglaublich das Leben ist, wenn Sie nicht von Verhaftungen regiert werden. Die Liebe, die Sie zu allen und allem empfinden, ist viel tiefer, und gleichzeitig erleben Sie keine unerträgliche Traurigkeit, wenn sich etwas ändert oder zu Ende geht.

»Das ist mein Geheimnis. Es macht mir nichts aus,
was geschieht.«
Jiddu Krishnamurti, aus dem zweiten öffentlichen Vortrag in Ojai, 1977

Krishnamurtis Worte zeigen uns, wie es ist, an nichts gebunden zu sein. Seine Worte zeugen von wahrem Nicht-Verhaftetsein. Obwohl ich weiß, dass es Ihnen möglicherweise schwerfällt zu glauben, dass Sie selbst jemals so empfinden könnten, ist es nur der Verstand, der Ihnen dies einredet. Denken Sie daran, dass Nicht-Verhaftetsein Ihre wahre Natur ist; Nicht-Verhaftetsein *ist, was Sie sind,* ist Gewahrsein.

Vor vielen Jahren hatten meine Familie und ich ein schönes Haus in einer ländlichen Gegend in Australien. Meine beiden Kinder liebten es, auf dem Land zu leben, und sie liebten jenes Haus. Es war ein wunderbares Leben, aber leider stiegen die Zinssätze auf über 18 Prozent, und trotz zusätzlicher Arbeit und längerer Arbeitszeiten konnten mein Mann und ich am Ende unsere Hypothek nicht mehr abzahlen. Wir haben drei Jahre lang enorme Opfer und Leid auf uns genommen und versucht, an diesem Haus festzuhalten, doch wir haben es trotzdem verloren. An dem Tag, als wir endlich auszogen, dachte ich über das Elend nach, das wir uns selbst angetan hatten, und beschloss, mich nie wieder so an ein Haus zu binden. Wenn wir genug Leidensdruck haben, können wir uns ändern.

Seitdem habe ich jedes Haus geliebt, in dem ich wohnte – einige habe ich mehr geliebt und genossen als andere –, aber ich habe an keinem von ihnen so sehr gehangen. Während ich in jenen Häusern lebte, genoss und schätzte ich sie voll und ganz und ohne die geringste Angst, sie eines Tages nicht mehr zu haben. Und wenn es an der Zeit war, sie zu verlassen, konnte ich dies mit dankbarem Herzen und ohne jede Traurigkeit tun.

»Glück entsteht, wenn wir an kein Objekt gebunden sind, einschließlich des Körpers und materieller Dinge.«
Francis Lucille

Wir sind hier in der materiellen Welt, und alles Materielle muss zu Ende gehen. Wenn wir an etwas hängen, werden wir garantiert leiden, wenn wir es verlieren. Aber wenn Sie das, was jetzt in Ihrem Leben ist, zutiefst lieben – wenn Sie aufrichtig dankbar für das sind, was jetzt da ist, und es voll und ganz wertschätzen –, werden Sie niemals den gleichen Schmerz empfinden, wenn es geht.

Ich hatte in meiner Kindheit und auch als Erwachsene eine sehr enge Beziehung zu meiner Mutter. Sie war mehr als meine Mutter; ich betrachtete sie auch als meine beste Freundin. Früher hatte ich Angst vor ihrem Tod, weil ich mir nicht vorstellen konnte, ohne sie zu leben oder ein irgendwie lohnendes Leben zu führen, wenn sie nicht mehr ein Teil davon wäre. Nachdem ich *das Geheimnis* entdeckt hatte, wurde ich von Dankbarkeit und Wertschätzung für alles in meinem Leben erfüllt, besonders für meine Familie und meine Mutter. Ich war dankbar für jeden Augenblick mit ihr. Ich erzählte ihr ständig von all den kleinen und großen Dingen, die sie zeitlebens für mich getan hatte und die mir so viel bedeuteten. Ich sagte ihr ständig, wie sehr ich sie liebte. Als meine Mutter starb, litt ich nicht so sehr, wie ich es früher getan hätte. Stattdessen fühlte ich, dass sich meine Liebe zu meiner Mutter ausdehnte und größer wurde als das Universum. Und bis heute hat sich daran nichts geändert.

Sie sind Liebe, und Liebe ist das Gegenteil von Verhaftetsein, weil Liebe allem die Freiheit gibt, zu kommen oder zu gehen. Liebe akzeptiert und erlaubt alles, was auch geschieht.

»Liebe ist das, was Sie schon sind. Liebe sucht nichts. Sie ist bereits vollständig. Sie will nichts, sie braucht nichts, sie soll nichts.«
Byron Katie, aus: Ich brauche deine Liebe – stimmt das?

Ich kann Ihnen versprechen: Wenn Ihre Anhaftungen abfallen, wird die Liebe, die Sie empfinden, so voll und so groß sein, dass Sie das Gefühl haben, das Universum könnte sie nicht fassen. Alle Dinge, an die Sie gebunden waren, werden durch diese Liebe ersetzt, die allmächtig, allwissend und allgegenwärtig ist. Manche nennen diese Liebe »Gott«.

Wenn sich Menschen in der Gegenwart von Jesus, Buddha, Krishna oder einem anderen erleuchteten Wesen befanden, löste sich jede Negativität in ihnen sofort auf. So mächtig ist reine, bedingungslose Liebe. Sie löst alle Zwietracht und Negativität sofort auf. Sie wird alles und jedes auflösen, was nicht Liebe ist. Diese allmächtige Liebe ist Ihre wahre Natur. Sie ist, was Sie sind.

Beginnen Sie mit Glück

»Sie brauchen nichts, um glücklich zu sein. Sie brauchen etwas, um traurig zu sein.«
Sri Poonja (Papaji)

»Wenn wir sehen, dass [Gewahrsein ständig vorhanden ist], findet eine Transformation in der Körper-Geist-Einheit statt. Die Körper-Geist-Einheit wird von grundloser Freude erfasst und von dem Glauben befreit, dass sie auf den Erwerb von Glück hinarbeiten müsse. Das Glück ist nicht etwas, das man durch Anstrengung oder durch Leiden erlangen kann. Wie könnten wir Glück durch Leiden erreichen? Wie könnte mehr Leiden uns glücklich machen? Wir müssen vom Glück ausgehen. So oft haben wir mehr Leiden akzeptiert, um glücklich zu werden.«
Francis Lucille, aus: The Perfume of Silence

Sie können in diesem Moment glücklich sein, egal was um Sie herum geschieht. Glück ist nichts, wonach Sie suchen oder auf das Sie warten müssen, denn es ist gerade jetzt hier bei Ihnen.

»Wir können Freiheit und Glück jetzt haben. Wir müssen nicht darauf warten, dass sie irgendeines fernen Tages in der Zukunft eintreffen, wenn wir schwer genug gearbeitet haben, um sie zu verdienen, oder wenn es uns irgendwie gelungen ist, uns dafür bereit zu machen. Wir haben jetzt Grund zu Freude und Entzücken.«
Hale Dwoskin, aus: Die Sedona-Methode

»Sie sind die höchste Freude. Nach Freude zu suchen würde heißen, ich suche nach Lester. Ich bin Lester. Ich muss nicht hinausgehen und nach ihm suchen. Wenn ich Freude bin, muss ich nicht draußen danach suchen. Es ist nicht nötig, nach draußen zu gehen, um Freude zu finden, wenn sie in dir ist.«
Lester Levenson, aus: Happiness Is Free, *Volumes 1–5*

»Wenn Sie feststellen, dass Sie Liebe wollen, sollen Sie wissen, dass Sie einem See gleichen, der nach Wasser sucht.«
Hale Dwoskin

»Dass Frieden, Glück und Liebe in unserem eigenen Wesen allgegenwärtig und in jedem Augenblick unseres Erlebens und unter allen Bedingungen vollständig verfügbar sind, ist die wichtigste Entdeckung, die man machen kann.«
Rupert Spira, aus: The Art of Peace and Happiness

Weil Glück Ihre wahre Natur ist, können Sie kein Glück erwerben; Sie können es nur SEIN. Wenn Sie glücklich sind, sind Sie Ihr wahres Selbst, Gewahrsein! Wenn Sie das Gewahrsein sind, das Sie sind, sind Sie in Harmonie mit allem Leben – und zu sagen, dass Ihr Leben wunderbar wird, ist eine kolossale Untertreibung.

»Denn dann wird ein Mensch gänzlich lebendig: nicht bei der Empfängnis, nicht bei der Geburt oder Reife, noch an einem der ritualisierten Termine, auf die wir gerne hinweisen, den Taufen und Hochzeiten, Bar-Mizwas und Schulabschlüssen. Es kommt, wenn das Selbstempfinden zerbröselt und der Wind das Unwesentliche mitnehmen darf, von dem wir geglaubt haben, wir seien es. Erst dann leben wir wirklich. Es fühlt sich ein wenig an wie der Tod – die Person, die du lange gewesen bist, existiert schließlich nicht mehr –, und doch … und dennoch … stellst du zu deinem Erstaunen fest, dass du fortdauerst, dass es ein weitergehendes Leben gibt. Es gibt ein Leben nach dem Tod. Du findest gerade heraus, was mit Himmel auf Erden gemeint ist.«
Jan Frazier, aus: Opening the Door

Erlauben Sie sich, glücklich zu sein. Erlauben Sie sich, das Glück zu sein, das Sie wirklich sind. Das Glück ist gerade hier. Die Macht des Gewahrseins ist die Antwort auf alles, was Ihr Glück bedroht. Wenn Sie Ihre Aufmerksamkeit weiten und als das Bewusstsein bleiben, das Sie sind, werden Sie glücklich sein!

Wenn Sie sich nicht glücklich fühlen, denken Sie daran, jedes Gefühl willkommen zu heißen, das nicht Glück ist, und zuzulassen, dass es da ist, ohne zu versuchen, es zu ändern oder loszuwerden. Wenn Sie jedes Gefühl willkommen heißen, das vorhanden ist, werden Sie spüren, wie es sich in das Glück auflöst, das Sie wirklich sind.

Jedes Mal, wenn Sie Ihre Arme ausbreiten und ein unglückliches Gefühl willkommen heißen, sind Sie einem ständigen, dauerhaften Glück und einem harmonischen, wunderbaren Leben so viel näher. Je mehr Sie unglückliche Gefühle willkommen heißen, desto mehr werden Sie fühlen, wie das Glück Ihres wahren Selbsts von Tag zu Tag zunimmt. Schließlich werden Sie entdecken, dass unter *jedem* unglücklichen Gefühl das unendliche Glück und die Liebe des Gewahrseins liegen.

KAPITEL 10 Zusammenfassung

- *Sie sind Glück. Das ist Ihre wahre Natur. Glück – eine endlose Quelle des Glücks – ist gerade jetzt in Ihnen!*

- *Es gibt kein anderes Glück als das Glück Ihres wahren Selbst. Das Glück, das Sie zu irgendeinem Zeitpunkt in Ihrem Leben empfunden haben, ist das Glück des Gewahrseins.*

- *Es gibt nichts Besseres für Ihre Lebensumstände, als sich glücklich zu fühlen. Je glücklicher Sie sind, desto müheloser ist Ihr Leben.*

- *Wenn wir das Glück in der Welt suchen, ist unser Glück flüchtig.*

- *Wir können all die wunderbaren Dinge genießen, die wir in der Welt sein, tun oder haben wollen, aber wir können diese Dinge mit dem vollen Wissen genießen, dass der einzige Ort, an dem wir echtes, dauerhaftes Glück finden, in uns ist.*

- *Ihre Gedanken bestimmen, wie Sie sich fühlen; wenn Sie also nicht glücklich sind, liegt es daran, dass Sie über etwas nachdenken, das Sie nicht wollen.*

- *Zwischen Ihnen und dem dauerhaften Glück und dem, wer Sie wirklich sind, steht ein Gedanke: »Ich will das nicht.«*

- *Wenn Sie Schmerz oder Verletzung aufgrund einer Situation empfinden, nehmen Sie, wenn es möglich ist, dieses schmerzliche Gefühl als einen Weckruf an, der Ihnen sagt, dass Sie gerade an negative Gedanken glauben, die nicht wahr sind.*

- *Viele von uns wehren sich unabsichtlich dagegen, glücklich zu sein.*

- *Sowie wir erkennen, dass wir uns dem Glück widersetzt haben, nehmen wir der unterdrückten Überzeugung, die uns veranlasste, uns gegen das Glück zu wehren, den größten Teil ihrer Kraft.*

- *Wir müssen nichts tun, um glücklich zu sein. Stattdessen müssen wir aufhören, das zu tun, was uns unglücklich macht.*

- *Es gibt nur eines, was Unglück verursacht: Verhaftetsein.*

- *Verhaftetsein entsteht, wenn wir aus Angst, etwas zu verlieren, daran festhalten, weil wir glauben, dass wir ohne es nicht glücklich sein können.*

- *Oft bilden unsere Verhaftungen die Identität der Person, für die wir uns halten, und wir haben das Gefühl, wir würden unsere Identität verlieren, wenn wir unsere Verhaftungen losließen. Also klammern wir uns an unsere Verhaftungen, während diese uns schon immer unseres Glücks beraubt haben.*

- *Was tatsächlich verhaftet ist, sind nicht Sie, sondern Ihr Verstand. Es ist Ihr Verstand, der in Verhaftungen gebunden ist. Wer Sie wirklich sind, ist an kein einziges Ding gebunden.*

- *Um sich von Anhaftungen zu befreien, müssen Sie nur immer mehr im Gewahrsein bleiben, und alle Ihre Bindungen werden eine nach der anderen abfallen.*

- *Sie können in diesem Moment glücklich sein, egal was um Sie herum geschieht. Glück ist nichts, wonach Sie suchen oder auf das Sie warten müssen.*

- *Sie können Glück nicht erwerben; Sie können es nur SEIN. Wenn Sie glücklich sind, sind Sie Ihr wahres Selbst.*

- *Wenn Sie sich nicht glücklich fühlen, denken Sie daran, jedes Gefühl willkommen zu heißen, das nicht Glück ist, und zuzulassen, dass es da ist, ohne zu versuchen, es zu ändern oder loszuwerden.*

- *Je mehr Sie unglückliche Gefühle willkommen heißen, desto mehr werden Sie fühlen, wie das Glück Ihres wahren Selbst von Tag zu Tag zunimmt.*

KAPITEL 11

DIE WELT: ALLES IST GUT

»Alles wird gut sein und alle werden gut sein, und aller Art Dinge werden gut sein.«
Juliana von Norwich

»Wissen Sie, alle Mystiker – katholisch, christlich, nichtchristlich, welcher Theologie oder Religion auch immer – sind sich in einer Sache einig: dass alles gut ist, alles ist gut. Obwohl alles ein Durcheinander ist, ist alles in Ordnung. Ein seltsames Paradox, zugegebenermaßen. Aber tragischerweise sehen die meisten Menschen nie, dass alles in Ordnung ist, weil sie schlafen. Sie haben einen Albtraum.«
Anthony de Mello, S. J., aus: Awareness. Conversations with The Masters

Sie fragen sich vielleicht, wie kann alles gut sein, wenn wir in die Welt schauen und Gewalt, Kriege, Armut und Zerstörung sehen? Die Menschen kämpfen gegeneinander, greifen sich gegenseitig an, streiten sich, kritisieren und bedrohen einander, was auf der ganzen Welt Leiden verursacht.

Trotz unserer turbulenten Geschichte antworteten die Weisen, wenn sie gefragt wurden, wie wohl alles gut sein könne: »Weil die Welt eine Illusion ist.«

Damit meinen sie, dass die Welt nicht das ist, was sie zu sein scheint. Die Welt, wie wir sie zu kennen glauben – fest und konkret, im Äußeren getrennt von uns existierend, die einzige Realität –, ist eine Illusion.

»Es besteht keinerlei Zweifel daran, dass das Universum
die reinste Illusion ist.«
Ramana Maharshi, aus: The Collected Works of Ramana Maharshi

Aus der Wissenschaft wissen wir, dass alles Physische hauptsächlich Raum ist, dass die Farben, die wir sehen, in Wirklichkeit das Fehlen genau dieser Farben sind und dass alles, was wir hören, tatsächlich Schwingungen sind, die unser Gehirn durch Nervensignale in Töne und Geräusche umwandelt. Wir wissen, dass von der gesamten Masse des Universums nur *0,005 Prozent* das elektromagnetische Spektrum ausmachen, zudem können Menschen nur einen *Bruchteil* dieses Prozentsatzes überhaupt wahrnehmen. Ist die Welt wirklich so, wie sie uns erscheint?

»Ich schaue auf das Empire State Building, du schaust ebenfalls darauf,
und es sieht für dich und mich wahrscheinlich gleich aus; aber wie sieht es
für ein Insekt mit 100 Augen aus? Wie sieht es für eine Schlange aus,
die nur Infrarot wahrnehmen kann? Wie sieht es für eine Fledermaus aus,
die nur das Echo von Ultraschall kennt? Das Empire State Building – das
Bild, das wir von ihm vor Augen haben –, ist also ein menschlicher Anblick,
es ist kein Krokodil-Anblick, und du kannst nicht davon ausgehen,
dass der menschliche Sinnesapparat mit seiner schmalen Bandbreite an
Wahrnehmung die einzige Realität ist. Außerdem kannst du nicht erklären,
warum das Empire State Building so aussieht, wie es aussieht, weil nur
Photonen deine Augen erreichen.«
Deepak Chopra™, M. D., aus dem Podcast mindbodygreen

Wenn wir untersuchen, was wir als Realität angenommen haben, stellen wir fest, dass unsere Annahmen nicht die Tatsachen sind, für die wir sie gehalten haben.

»Die Wissenschaft geht von der Annahme aus, dass die physische Welt
real ist und dass Materie real ist. Warum ist das ein Problem? Wenn Sie
Wissenschaftler sind, woraus besteht Materie? Sie werden sagen, sie

besteht aus Molekülen. Woraus bestehen Moleküle? Aus Atomen. Woraus bestehen Atome? Aus Teilchen. Woraus bestehen Teilchen? Dann haben wir es mit kleineren Teilchen zu tun. Woraus bestehen diese? Wenn man sie nicht als Teilchen ermessen kann, sind sie Wahrscheinlichkeitswellen im mathematischen Raum.«
Deepak Chopra™, M. D., aus dem Podcast mindbodygreen

Diese Wahrscheinlichkeitswellen sind überhaupt keine materiellen Dinge. Sie sind Leere und erscheinen nur dann als Partikel, wenn sie vom Verstand gemessen und beobachtet werden!

»Wenn du von einem Raum zum nächsten gehst – wenn deine tierischen Sinnesorgane die Geräusche der Spülmaschine, die tickende Uhr und den Duft eines gebratenen Huhns nicht mehr wahrnehmen –, lösen sich die Küche und all ihre scheinbar unterschiedlichen Teile in nichts auf oder in Wahrscheinlichkeitswellen.«
Robert Lanza, M. D.

In einer Überlieferung, die bis ins 14. Jahrhundert zurückreicht, beschreibt der Rosenkreuzerorden die materielle Welt als nichts weiter als »mentale Phantome«, und die Quantenphysik bestätigt ganz bestimmt, was die alten Traditionen als die Wahrheit kannten.

Als ich mich vor Jahren zum ersten Mal mit Quantenphysik befasste, sagten die Quellen, die ich las, dass der Raum, in dem ich sitze, nicht existiere, wenn ich ihn verlasse, weil sich der Raum und alles in ihm, wenn er nicht wahrgenommen wird, in eine Wahrscheinlichkeitswelle zurückverwandelt. Der Raum wird erst dann zu Partikeln von etwas Festem, wenn ich ihn wieder betrete und wahrnehme. Früher hatte ich Spaß daran, umzukehren und den Raum zu verlassen, um mich dann blitzschnell umzudrehen und zu versuchen, den Raum dabei zu sehen, wie er wieder Gestalt annimmt. Keine Chance!

»Bevor Materie auf der Bildfläche erscheinen kann – als Kieselstein, als Schneeflocke oder sogar als subatomares Teilchen –, muss sie von einem Lebewesen beobachtet werden.«
Robert Lanza, M. D., aus: Biocentrism: How Life and Consciousness Are the Keys to Understanding the True Nature of the Universe

Auf der tiefsten Ebene sind die ganze physische Struktur unserer Welt und alles in ihr nichts weiter als leerer Raum. So fragt auch Deepak: »Ist die Welt physisch?«

Doch wenn die Welt nicht physisch ist, was ist sie dann?

Alle physische Manifestation kommt vom Geist. Aber es reicht noch viel tiefer als die Vorstellung, dass Geist über der Materie stehe. Materie *ist* Geist. Alles, was uns fest und materiell erscheint – unsere gesamte physische Welt und das Universum –, sind tatsächlich vom Geist projizierte Bilder.

»Alles ist Geist; das Universum ist mental. … Wer die Wahrheit von der mentalen Natur des Universums erfasst hat, ist wohl fortgeschritten auf dem Pfade der Meisterschaft.«
aus Das Kybalion

»Die Welt und das Universum sind ein mentales Machwerk.«
Lester Levenson, aus: Happiness Is Free, *Volumes 1–5*

»Selbst die Struktur des Atoms wurde vom Verstand gefunden.«
Ramana Maharshi

»Alle Manifestation ist Geist.«
Francis Lucille

»Das Denken ist die primäre Energie und Schwingung; sie ging von Gott aus und ist somit der Schöpfer des Lebens, der Elektronen, der Atome und aller Energieformen.«
Paramahansa Yogananda, aus: Gott spricht mit Arjuna. Die Bhagavad-Gita

Wenn Sie nachts den weiten Sternenhimmel betrachten – wie sicher sind Sie sich da, dass er außerhalb von Ihnen ist? Wir wissen heute, dass jedes Bild, das wir sehen, von Photonen herrührt, die auf unsere Netzhaut treffen und dann vom Gehirn in ein Bild übersetzt werden. Unser Gehirn dreht das Bild um und projiziert es von der Innenseite unseres Hinterkopfes. Somit wissen wir sogar auf biologischer Ebene, dass das, was wir sehen, tatsächlich in uns ist.

Wenn wir die Welt betrachten, sehen wir sie nicht von außerhalb von uns; wir sehen sie aus unserem Inneren. Unsere Sinne, die die Außenwelt erfassen, erleben wir alle *in uns.* Wenn Sie etwas berühren, fühlen Sie es von innen heraus, nicht von außen. Überzeugen Sie sich selbst. Wenn jemand seine Arme um Sie legt, sehen Sie sie und fühlen sie aus Ihrem Inneren. Wenn Sie

Geräusche hören, hören Sie sie nicht von außen, sondern von innen. Wenn Sie Ihren Körper bewegen, spüren und erleben Sie jede Bewegung in Ihrem Inneren. Keiner unserer Sinne oder Empfindungen beweist, dass es im Außen eine Welt gibt, die von uns getrennt ist.

»Wir haben uns dieses ganze Universum ausgedacht und vergessen, dass wir dies getan haben. Wir sagen, es sei real und es sei separat von uns, dabei ist alles, was es wirklich ist, ein Bild in unserem Kopf. Der einzige Ort, an dem Sie diese Welt sehen können, ist in Ihrem Kopf. Lassen Sie Ihren Geist schlafen, und es gibt keine Welt mehr. Wenn Sie aus Ihrem Schlaf nicht erwachen, gibt es nie wieder eine Welt – aber Sie sind.«
Lester Levenson, aus: Will Power *(Audio)*

Alles, was Sie sehen, von einem Teelöffel bis hin zur Sonne am Himmel, ist eine Projektion des Geistes. Wie ein Filmvorführgerät projiziert unser Geist die Bilder unserer Welt. Es ist, als stünden Sie in einem 360-Grad-Kino mit Bildern über und unter Ihnen und um Sie herum mit perfektem Surround-Sound. Das ist ein sehr überzeugendes Erlebnis.

»Die als unabhängige Realität existierende Welt ist eine Illusion.«
Francis Lucille

Die Welt, wie Sie sie sehen – eine Welt, die außerhalb unseres Körpers und unabhängig von uns zu existieren scheint –, ist eine vom Geist erschaffene Illusion. Dass uns Dinge als fest erscheinen, ist eine Illusion, die vom Verstand erzeugt wird. Das uns Dinge dreidimensional erscheinen, ist eine Illusion, die vom Verstand erzeugt wird.

Die Bilder der Welt und unser Erleben der Welt mittels unserer Sinne gleichen der Traumwelt im Schlaf. Der Inhalt Ihres Traums und Ihr Erleben des Traums sind ganz und gar vom Verstand gemacht, genauso wie Ihr Erleben der Welt, wenn Sie wach sind, komplett in Ihrem Geist stattfindet.

»Wir wissen, dass unser Geist diese wunderbare Kraft zur Schöpfung und Selbsttäuschung besitzt. Ist es da nicht vernünftig zu vermuten, dass der Körper, den wir als ›Ich‹ empfinden und die Welt, die wir in unserem gegenwärtigen Wachzustand als real betrachten, tatsächlich nichts weiter sind als eine bloße Vorstellung oder mentale Projektion, genau wie der Körper und die Welt, die wir im Traum erleben? Welche Beweise haben wir dafür, dass der Körper und die Welt, die wir in diesem Wachzustand erleben, etwas anderes als eine Schöpfung unseres eigenen Geistes sind?«
Michael James, aus: Happiness and the Art of Being

»In Ihrer Fantasie haben Sie eine Kinovorführung mit Schauspielern, Szenen und Publikum geschrieben und auf eine Leinwand projiziert und dabei die Tatsache aus den Augen verloren, dass sich dies alles in Ihrem Kopf abspielt.«
Lester Levenson, aus: Happiness Is Free, *Volumes 1–5*

»Die Welt besteht aus Gedanken und Ideen.«
Meine Lehrerin

»Was wir da draußen sehen, ist unser eigener Verstand.«
Lester Levenson, aus: Happiness Is Free, *Volumes 1–5*

»Alles, was wir benannt haben – Breitengrade, Längengrade, Mittlere Greenwich-Zeit, Nationen, Staaten, Sterne, Milchstraßen, alles, dem wir Namen gegeben haben –, ist ein menschliches Konstrukt. Also haben wir diese Welt geschaffen … im Laufe von Tausenden von Jahren. Wir sind die Geschichtenerzähler.«
Deepak Chopra™, M. D., Vortrag auf der SAND-Konferenz 2018

Wir haben diese Welt nicht nur durch unser individuelles und kollektives Denken erschaffen, sondern wir erschaffen auch alles, was wir von Moment zu Moment erleben.

»Die Erscheinung namens Welt? Die Welt ist nur eine Illusion, die wir geschaffen haben. Eines Tages werden Sie entdecken, dass Sie dieses gesamte Universum erschaffen haben … das nichts anderes ist als eine Zusammenstellung all unserer Gedanken.«

Lester Levenson, aus: Will Power *(Audio)*

Und welche Kraft kann Gedanken in eine wahrnehmbare Welt und ein Universum verwandeln? Es ist unendliches Gewahrsein, die einzige Kraft, die es gibt. Unendliches Gewahrsein ist die einzige Kraft, die existiert; sie ist konkurrenzlos. Und das sind Sie.

Es ist alles Bewusstsein-Gewahrsein

»Die Welt ist alles in allem nicht der in unseren Schulbüchern beschriebene Ort. Seit mehreren Jahrhunderten, beginnend ungefähr mit der Renaissance, dominiert eine einzige Denkweise über das Konstrukt Kosmos das wissenschaftliche Denken. Dieses Modell hat uns unzählige Einblicke in die Natur des Universums ermöglicht – und unzählige Anwendungen, die jeden Aspekt unseres Lebens verändert haben. Dieses Modell erreicht nun jedoch das Ende seiner Nutzungsdauer und muss durch ein radikal anderes Paradigma ersetzt werden, das eine tiefere Realität widerspiegelt, die bis jetzt völlig ignoriert wurde.«

Robert Lanza, M. D., aus: Biocentrism: How Life and Consciousness Are the Keys to Understanding the True Nature of the Universe

»Aus irgendeinem unerklärlichen Grund hat sich das gemeinsamste Element eines jeden möglichen Erlebens – das Bewusstsein – geheim gehalten.«

Deepak Chopra™, M. D.

In seinen Vorträgen spricht Deepak Chopra die beiden größten schwierigen Probleme der Wissenschaft an, die ungelöst bleiben:

1. Was ist die Substanz des Universums?

2. Woher kommt das Bewusstsein?

»Die Wissenschaft kann das letzte Geheimnis der Natur nicht lösen. Und das liegt daran, dass wir selbst letztlich Teil der Natur und damit Teil des Geheimnisses sind, das wir zu lösen versuchen.«
Max Planck, Quantenphysiker, aus: Wege zur physikalischen Erkenntnis

Während Wissenschaftler weiterhin an ein Modell der Welt glauben, das objektiv, materiell, solide und getrennt von uns existiert, werden sie nicht die Wahrheit darüber finden, was die zugrunde liegende Substanz des Universums ist. Aber seit Hunderten von Jahren kennen die Weisen die Antwort auf die größten unbeantworteten Fragen der Wissenschaft.

Was ist die Substanz des Universums?
Bewusstsein ist die Substanz des Universums.

Woher kommt das Bewusstsein?
Bewusstsein kommt nicht von irgendwoher – alles kommt vom Bewusstsein.

Bewusstsein oder Gewahrsein ist unendlich – es ist überall gleichzeitig –, wie könnte es also von irgendwoher kommen?

Wir wissen aus der Wissenschaft, dass unser materielles Universum seinen Anfang mit dem Urknall nahm, was bedeutet, dass es ein Ende haben muss, etwas, das Wissenschaftler voraussehen. Mit einem Anfang und einem Ende ist unser Universum endlich, und wenn es endlich ist, muss es von etwas kommen, das *unendlich* ist! Das Universum ist aus Bewusstsein hervorgegangen, und unendliches Bewusstsein ist das Fundament und die Substanz, die unserem Universum und allem in ihm zugrunde liegt.

Sie sind unendliches Bewusstsein, unendliches Gewahrsein, was letzten Endes bedeutet, dass *Sie* das Universum *sind*, es *in Ihnen* ist.

»Das ganze Universum ist in einem
einzigen Menschen enthalten – dir.«
Rumi

Die Welt, das Universum und alles in ihm, einschließlich Ihres Körpers, sind *im* Gewahrsein. Sie alle befinden sich in und auf Gewahrsein. Gewahrsein ist allgegenwärtig; es ist überall und alles ist in ihm und entsteht aus ihm. Gewahrsein ist allwissend; es weiß alles, weil es alles enthält. Gewahrsein ist allmächtig; es ist alle Macht, weil es keine andere Macht außer ihm gibt.

»Sie selbst sind die ewige Energie,
die als dieses Universum erscheint.«
Alan Watts, aus: Nature of Consiousness

Der Weltfilm

Wenn wir ins Kino gehen oder fernsehen, könnten wir die Bilder nicht sehen, wenn keine Leinwand oder kein Bildschirm vorhanden wäre. Auch der Geist braucht einen Bildschirm, um die Bilder des Weltfilms sehen zu können, den er projiziert. Und dieser Bildschirm ist Gewahrsein.

Der Weltfilm, den unser Geist projiziert, befindet sich in und auf dem Bildschirm des Gewahrseins, was bedeutet, dass das, was wir die Welt nennen, letztlich aus Gewahrsein besteht – dem einen und einzigen unendlichen Gewahrsein, das wir sind. Wenn die Weisen sagen: »Wir sind eins« und »Wir sind alles«, ist es dies, worauf sie sich beziehen. Wir *sind* absolut alles, weil wir das eine Gewahrsein sind, in dem und durch das alles existiert!

»All diese Manifestation ist also wirklich nichts. Sie ist wirklich nur das raumähnliche Bewusstsein, das in Muster, Gestalten und Formen schwingt.«
Sailor Bob Adamson, aus: What's Wrong with Right Now?

»Der zugrunde liegende Bewusstseinszustand ist wie die Atmosphäre, in der all diese anderen Dinge stattfinden, die Kinoleinwand, auf der sie spielen. Nichts beeinflusst es. Nichts berührt es.«
Jan Frazier, aus: When Fear Falls Away

»Nichts ist so, wie es scheint, und du bist nicht so, wie du scheinst. Du musst nur ein wenig tiefer blicken und ein wenig tiefer fühlen.«
Pamela Wilson

Wollen Sie die Welt verändern?

»Der Wandel in der Gesellschaft ist von untergeordneter Bedeutung. Er wird sich natürlich und unvermeidlich ergeben, wenn du als Menschenwesen die Veränderung in dir selbst herbeiführst.«
Jiddu Krishnamurti, aus dem dritten öffentlichen Vortrag in Santa Monica, 1970

»Gewahrsein ist, was wir sind. Sie sind nicht gekommen, um die Welt zu retten – Sie sind gekommen, um die Welt zu lieben.«
Anthony de Mello, S. J.

»Du willst, dass die Welt anders ist. Nehmen wir an, du hast die Macht erhalten, die Welt so, wie sie ist, zu löschen und sie dann so

neu zu erstellen, wie es dir gefällt: keine Kriege, keine Tyrannen,
keine Stechmücken, kein Krebs, keine Schmerzen, und alle lächeln.
Am Ende hättest du etwas Langweiliges, etwas ohne Geschmack.
Dann gibst du ein wenig Salz und Pfeffer hinzu und schließlich bist
du wieder da, wo du angefangen hast, und erkennst, dass es perfekt
ist, wie es war!«
Francis Lucille, aus: The Perfume of Silence

Solange wir an unseren Überzeugungen und dem Glauben festhalten, separate Individuen zu sein, wird die Welt niemals in Frieden sein. Milliarden von Egos werden immer Streit verursachen, weil Egos unbeständig sind; sie werden sich niemals vertragen. Aber Gewahrsein lässt dies alles zu. Gewahrsein lässt die Illusion zu, die falschen Überzeugungen, den Mangel an Frieden, den Streit, das Leiden und die Kriege, weil nur Liebe alles existieren lässt. Ihre Freiheit von jeglichem Leiden hängt nicht davon ab, dass es in der Welt zu Frieden kommt, sondern davon, dass Sie erkennen, dass Sie sich selbst fälschlich nur für einen Menschen gehalten haben und dass Sie sich als das eine und einzige unendliche Sein erleben.

»Das unendliche Sein ist nicht bekümmert
über das Unglück in der Welt, da es von Dingen
dieser Art niemals beeinträchtigt wird.«
David Bingham

»Wenn Sie die Welt als Sie selbst betrachten, wird sie ganz anders aussehen, als wenn sie separat erscheint. Sie werden sie lieben und sich mit ihr und allem in ihr identifizieren.«
Lester Levenson, aus: Happiness Is Free, *Volumes 1–5*

»Wenn wir bewusster werden, entsteht mehr Liebe. Mit der Selbsterkenntnis geht eine Erkenntnis einher, dass Sie alles sind, also ist es nicht möglich, irgendetwas zu schädigen.«
David Bingham

Das Gewahrsein sagt zu absolut allem Ja. Gewahrsein lässt allem die Freiheit, so zu sein, wie es ist, weil die Welt und alles in ihr Gewahrsein *ist* – ihr eigenes Selbst, unser eigenes Selbst. Das heißt, es kann nichts geben, das gegen uns ist. Kein Unglück kann uns treffen. Keine Atombomben oder Meteore können uns vernichten. Keine Knappheit oder Einschränkung kann uns möglicherweise betreffen. Denn es läuft darauf hinaus, dass alles *wir* ist. Und wenn Sie Ihr wahres Selbst erkannt haben und als dieses Gewahrsein verweilen, werden Sie wissen:

Ganz gleich, wie die Dinge auf der Welt aussehen: Alles ist immer, immer gut.

KAPITEL 11 Zusammenfassung

- *Die Welt, wie wir sie zu kennen glauben – fest und konkret, im Äußeren getrennt von uns existierend, die einzige Realität –, ist eine Illusion.*

- *Auf der tiefsten Ebene sind die ganze physische Struktur unserer Welt und alles in ihr nichts weiter als leerer Raum.*

- *Materie ist Geist. Alles, was uns fest und materiell erscheint – unsere gesamte physische Welt und das Universum –, sind tatsächlich vom Geist projizierte Bilder.*

- *Der Inhalt Ihres Traums und Ihr Erleben des Traums sind ganz und gar vom Verstand gemacht, genauso wie Ihr Erleben der Welt, wenn Sie wach sind, komplett in Ihrem Geist stattfindet.*

- *Die Kraft, die Gedanken in ein wahrnehmbares Universum verwandeln kann, ist unendliches Gewahrsein, die einzige Kraft, die es gibt.*

- *Das Universum ist aus Bewusstsein hervorgegangen, und unendliches Bewusstsein ist das Fundament und die Substanz, die unserem Universum und allem in diesem zugrunde liegt.*

- *Die Welt, das Universum und alles in ihm, einschließlich Ihres Körpers, sind im Gewahrsein. Sie alle befinden sich in und auf Gewahrsein.*

- *Solange wir an unseren Überzeugungen und dem Glauben festhalten, separate Individuen zu sein, wird die Welt niemals in Frieden sein. Milliarden von Egos werden immer Streit verursachen.*

- *Ihre Freiheit von jeglichem Leiden hängt nicht davon ab, dass es in der Welt zu Frieden kommt, sondern davon, dass Sie erkennen, dass Sie sich selbst fälschlich nur für einen Menschen gehalten haben und dass Sie sich als das eine und einzige unendliche Sein erleben.*

- *Das Gewahrsein sagt zu absolut allem Ja. Gewahrsein lässt allem die Freiheit, so zu sein, wie es ist, weil die Welt und alles in ihr Gewahrsein ist – ihr eigenes Selbst.*

- *Ganz gleich, wie die Dinge auf der Welt aussehen: Alles ist immer, immer gut.*

KAPITEL 12

ENDE – ES GIBT KEIN ENDE

Was ist, wenn das Einzige, vor dem wir uns alle so fürchten, nicht wahr ist? Was ist, wenn es keinen Tod gibt, wie wir ihn uns vorstellen? Was ist, wenn wir aufwachen, wenn wir sterben?

»Woher komme ich und wohin gehe ich? Das ist die große, unergründliche Frage, die für jeden von uns gleich lautet. Die Wissenschaft kennt die Antwort nicht.«
Max Planck, Quantenphysiker

»Der Körper stirbt, aber der ihn transzendierende Geist kann vom Tod nicht berührt werden.«
Ramana Maharshi, aus: The Collected Works of Ramana Maharshi

»Wenn du dich nur als Körper und Geist betrachtest, wird dieses ›Ich‹ mit Sicherheit sterben! Wenn du dich als nicht geborenes und unvergängliches Gewahrsein erkennst, wird dich die Angst vor dem Tod nicht länger beunruhigen. In der Tat ist dies der Tod des Todes.«
Mooji

»Wenn du erwachst, verschwindet jede Angst, einschließlich der Angst vor dem physischen Tod. Der Grund ist, dass das, als was du dich herausgestellt hast, keinem Leid unterworfen ist.«
Jan Frazier, aus: The Freedom of Being

»Der Tod ist ein Abstreifen von allem, was nicht du bist.
Das Geheimnis des Lebens liegt darin, ›zu sterben,
bevor du stirbst‹, und festzustellen, dass es keinen Tod gibt.«
Eckhart Tolle, aus: Jetzt! Die Kraft der Gegenwart

Zu sterben, bevor Sie sterben, bedeutet, dem Irrtum des Denkens ein Ende zu setzen, Sie seien bloß eine Person. Es bedeutet, die *Idee* sterben zu lassen, Sie seien eine Person, und das unendliche Gewahrsein zu erkennen, das Sie wirklich sind. Erst dann werden Sie »sterben, bevor du stirbst« und die Wahrheit entdecken – dass es keinen Tod gibt.

»Von all den Dingen, die Menschen in diesem Leben lernen können,
habe ich Euch die großartigste Nachricht zu erzählen, die schönste
Sache mitzuteilen: Ihr seid das, was formlos und unveränderlich ist
und niemals stirbt.«
Mooji, aus: White Fire *(Second edition)*

»Du, deine Körper-Geist-Einheit und die Welt, die du siehst, sind alle Teil derselben virtuellen Realität … du – dein wahres Ich – bist formloses Bewusstsein, und sobald du dich damit identifizierst, siehst du, dass jede andere Identität, die du hattest, vorübergehend ist. Ob Ehemann oder Vater, Sohn oder Ehefrau … sie alle sind vorübergehende Identitäten, die eine Geburt und einen Tod erleben, und sie verändern sich ständig, sie sind nicht real. … Die einzige absolute Identität, die du hast, ist ein unendliches, formloses, unvorstellbares Wesen, das sich aufgrund seiner Konstrukte in irgendeine Realität verwandelt.«
Deepak Chopra™, M.D., aus dem Podcast mindbodygreen

»Wir haben vergessen, dass wir dieses Bewusstsein sind, und haben uns mit Objekten identifiziert. Wir denken: ›Ich bin der Körper, deshalb werde ich sterben.‹ Das Bewusstsein befindet sich jedoch nicht in einem Körper. Der Körper erscheint im Bewusstsein, der Geist erscheint im Bewusstsein, die Welt erscheint im Bewusstsein. Das entspricht unserem Erleben.

Trotzdem stülpen wir über unsere Erfahrung die gegensätzliche Vorstellung, dass das Bewusstsein im Geist sei, dass der Geist im Körper und der Körper in der Welt sei.«
Francis Lucille, aus: The Perfume of Silence

»Du denkst jetzt, du seist der Körper und verwirrst dich deshalb mit seiner Geburt und seinem Tod. Aber du bist nicht der Körper und du hast keine Geburt und keinen Tod.«
Ramana Maharshi, aus: Sei, was du bist!

»Die echte Antwort auf den Tod ist also, dass er nur ein weiteres menschliches Konstrukt ist. Wenn du an die physische Welt glaubst, musst du an den Tod glauben, und du musst an die Geburt glauben. Verstehe aber, dass du ein formloses Wesen – *formlos* – bist, das sich selbst als Form erlebt. Im Moment erlebt sich dieses formlose Wesen als Körper-Geist-Einheit.«
Deepak Chopra™, M. D., aus dem Podcast mindbodygreen

»Du hast nur zugestimmt, dass du sterben wirst, weil du von jemandem akzeptiert hast, dass du geboren wurdest.«
Sri Poonja (Papaji), aus: Der Gesang des Seins

»Es gab nie eine Zeit, in der ich nicht existierte, noch du …
Es gibt auch keine Zukunft, in der wir aufhören werden zu sein.«
Krishna

Man kann sich unmöglich vorstellen, nicht zu sein, weil man niemals *nicht* sein kann. Während Sie sich vorstellen, nicht zu sein, gibt es ein Gewahrsein, dass Sie sich vorstellen, nicht zu sein – Gewahrsein ist da!

»Als Baby weißt du nicht, dass dies ein Tisch oder eine Hand ist oder dass du einen Körper hast. Alles, was du erlebst, ist … ein breiiges Universum mit vielen Farben, Sinnesempfindungen, Bildern, noch keinen Gedanken,

nur einem Gefühl des Staunens und der Verwirrung. Dann führen wir Begriffe ein: Du bist ein Mann, du bist Amerikaner, du bist ein Mensch, das ist ein Stern, das ist eine Milchstraße, dies ist der Planet Erde. So funktioniert die wissenschaftliche Sicht der Welt. Jetzt betrachtest du die Welt plötzlich durch einen Filter. Das Bewusstsein ist zu einem konditionierten Geist geworden, der dir sein Erleben einer physischen Welt und eines physischen Körpers vermittelt. Nun, da du dieses Ding in deinem Bewusstsein konstruiert hast, machst du dir Sorgen um Geburt und Tod. Dies sind menschliche Konzepte. Es gibt keine Geburt, es gibt keinen Tod, es gibt keinen physischen Körper, es gibt kein Universum. Es gibt Bewusstsein, und es ist unendlich und du bist ES.«
Deepak Chopra™, M.D., aus dem Podcast mindbodygreen

»Unsterblichkeit wird proportional erlangt, wenn der persönliche Verstand überwunden wird … Wenn wir das persönliche Ego ablegen und das Bewusstsein unseres wahren Selbst erreichen … erreichen wir Unsterblichkeit. Und diese kann hier und jetzt erlangt werden.«
Joel S. Goldsmith, aus: Der unendliche Weg

»Der Tod löscht das Licht nicht aus; er löscht nur die Lampe, weil die Morgendämmerung gekommen ist.«
Rabindranath Tagore

Wie ist es für jemanden, der stirbt?

»Es ist das Gleiche wie nach einem Traum aufzuwachen. Überhaupt nicht anders.«
Meine Lehrerin

Die Lehrer vermitteln uns nachdrücklich, dass Gewahrsein oder Bewusstsein niemals geboren wurde und niemals stirbt. Das heißt, wenn der Körper aufhört, bleiben Gewahrsein und Bewusstsein wie immer – voll bewusst und ganz lebendig. Dann wird Ihnen vielleicht klar, dass Sie nie der Körper waren, weil Sie selbst voll bewusst sind und existieren wie zuvor, wenn auch ohne Körper. Gewahrsein braucht keinen Körper, um gewahr zu sein. Wenn der Körper sein Ende erreicht hat, gibt es keine einzige Sekunde, die Sie nicht gewahr sind – keine Billionstelsekunde, die Sie nicht völlig gewahr bleiben. Sie sind sich ewig und unendlich gewahr, voll und ganz lebendig, mit oder ohne Körper.

»Bewusstsein und Gewahrsein haben nie begonnen
und werden niemals enden.«
Robert Lanza, M. D., aus: Beyond Biocentrism: Rethinking Time, Space, Consciousness, and the Illusion of Death

»Das Leben hat kein Gegenteil. Das Gegenteil von Tod ist Geburt.
Das Leben ist ewig.«
Eckhart Tolle, aus: Stille spricht

In welcher Hinsicht wäre Ihr Leben anders, wenn Sie tatsächlich wüssten, dass niemand stirbt? Was wäre, wenn Sie mit Sicherheit wüssten, dass Sie und alle anderen das eine ewige unendliche Sein sind? Wie wäre das Leben für Sie, wenn Sie mit diesem Wissen lebten und wüssten, dass es die Wahrheit ist?

Die Weisen sagen uns, dass das Leben licht und voller Leichtigkeit wird, wenn wir die Wahrheit kennen. Es gibt viel Lachen, grenzenlose Liebe und vollen Genuss von allem, was geschieht. Jeder Moment wird ausgekostet und es gibt eine überwältigende Wertschätzung für das Wunder und die Herrlichkeit der Manifestation der Welt. Tiefe Liebe und Mitgefühl zur Menschheit und allen Lebewesen breiten sich aus.

Die Weisen sagen auch, dass uns Menschen oder Dinge, die uns früher gestört haben, nicht mehr aufregen werden. Wir werden keine Probleme mehr sehen oder Dinge als so ernst empfinden, wie wir sie früher einschätzten. Wir werden gelassen all das Kommen und Gehen in der Welt betrachten, als wäre es ein Film, der vor uns abläuft. Und wir werden von einem unbeschreiblichen Frieden erfüllt sein in dem Wissen, dass es trotz allem, was geschieht, kein Ende für uns oder andere gibt.

Seit ich *das Geheimnis* entdeckt habe, weiß ich, dass wir nicht sterben können. Nachdem ich begriffen hatte, dass es Gesetze gibt – wie Ursache und Wirkung, Anziehung und Karma –, die unser Denken und unser physisches Leben regieren, wusste ich, dass wir über dieses Leben hinaus weiterleben. Was hätte es sonst für einen Sinn? Wie könnte irgendjemand diese Gesetze in einem einzigen Leben beherrschen? Selbst der Buddha sagte, er habe fünfhundert Leben gelebt, bevor er erkannte, wer er wirklich ist – und er ist der Buddha!

»Das Ich-Empfinden, wie Sie es verstehen, wenn Sie Ihre Individualität meinen, wird Sie niemals verlassen. Es dehnt sich aus. Was geschieht, wenn Sie entdecken, was Sie sind? Sie beginnen zu sehen, dass andere Sie sind, dass Sie ich sind, dass es nur eins gibt, dass Sie dieses eine und herrliche unendliche Sein jetzt sind und schon immer gewesen sind.«
Lester Levenson, aus: Happiness Is Free, *Volumes 1–5*

Avatar

»Dies alles ist das Spiel des Bewusstseins: sich selbst zu verkleiden und so zu tun, als wäre es wirklich eine Person.«
David Bingham

»Unsere eigentliche Natur als reines Gewahrsein gewinnt oder verliert nichts aus dem ganzen Abenteuer Mensch.«
Rupert Spira, aus: The Ashes of Love

Ein Leben auf der Erde zu haben ist, als hätte man einen Avatar in einem Computerspiel. Wenn Ihr Körper in einem Computerspiel stirbt, erhalten Sie einen neuen Körper und kehren mit einem Avatar nach dem anderen ins Spiel zurück, bis Sie das Spiel beendet haben. Einige Traditionen sagen uns, dass wir in unserem menschlichen Leben jedes Mal, wenn wir sterben, einen neuen Körper bekommen, bis wir »das Spiel beenden«, indem wir erwachen und ganz erkennen, wer wir sind – Gewahrsein.

Wir alle haben höchstwahrscheinlich schon viele Leben gehabt, vermutlich Hunderte und Aberhunderte von Leben. Aber es ist das Erwachen zur Wahrheit, an dem sich das Bewusstsein und das Universum erfreuen, und dies macht das *derzeitige* Leben zum wichtigsten!

»Du bist hier, damit sich der göttliche Zweck des Universums entfalten kann. So wichtig bist du!«
Eckhart Tolle, aus: Jetzt! Die Kraft der Gegenwart

Sie müssen die Wahrheit für sich selbst erkennen, da sie Ihnen nicht gegeben werden kann. Wie könnte Ihnen jemand etwas geben? Sie sind bereits Sie! Jemand kann Ihnen nur die Richtung weisen, in die Sie schauen sollen. Sie müssen es *aus eigener Erfahrung* erkennen, nicht aus den Worten eines anderen.

»Du und die Welt und das gesamte Universum sind Varianten des Gewahrseins. Du und das Universum sind Gewahrsein in Bewegung.«
Deepak Chopra™, M. D., aus dem Podcast mindbodygreen

»Was Sie im Grunde – tief, tief unten und weit, weit innen – sind, ist einfach das Gewebe und die Struktur der Existenz selbst.«
Alan Watts, aus: Über den Geist hinaus

»Wenn wir wirklich das Gefühl haben, dass das Universum in uns ist und wir ist, dass es keine Trennung gibt, dass es diese Ganzheit gibt, dann entfalten sich das Universum und die Ereignisse in der Welt in Übereinstimmung mit dieser Sicht, der wahren Sicht. Sie offenbaren die Heiligkeit, die Heiligkeit der Welt. Sie enthüllen das andauernde Wunder. Zuerst erlebt man es als Empfindung, später wird es durch unser Erleben der Welt bestätigt.«

Francis Lucille, aus: The Perfume of Silence

Vom menschlichen Sein zum Unendlichen Sein

Meine Lehrerin sagt, dass es nur einer Entscheidung bedarf, um das Unendliche Sein zu erkennen, das wir sind. Es gibt nur einen Entscheider, und das sind Sie, das Unendliche Sein. Deshalb ist die Entscheidung, vollständig zu erkennen, wer Sie sind, nicht anders als die Entscheidung, ein Glas Wasser zu holen. Sie können die Entscheidung treffen: »Ich beabsichtige, mir meiner wahren Natur, des Gewahrseins, voll bewusst zu sein. Ich beabsichtige, meine Bestimmung zu erfüllen und mein Leben in der Freude des Unendlichen Gewahrseins zu leben, das ich bin. Ich habe die Entscheidung getroffen, das ewige, unzerstörbare reine Gewahrsein, das ich bin, ganz zu verwirklichen.«

»Nimm all dein Wollen, all dein rastloses Manövrieren und deren ganzes schreckliches Gewicht und ihren Lärm. Leg es in einen Karton und klebe ihn zu. Lade den Karton auf einen Lastwagen, der von dir wegfährt und niemals zurückkommt. Da ist noch etwas übrig, nicht wahr? Du bist immer noch da. Du kannst fühlen, dass du da bist. Willkommen zu Hause.«

Jan Frazier, aus: The Freedom of Being

Unsere unglaubliche gemeinsame Reise durch dieses Buch fand statt, um Sie in die Richtung zu weisen, die Sie von dem Glauben, Sie seien bloß ein Mensch, zur Erkenntnis des Unendlichen Seins führen wird, das Sie wirklich sind; um Ihnen den Weg vom Leiden zu einem Leben in Glückseligkeit und Frieden zu zeigen; und um Sie von Verletzungen, Verstimmungen, Ängsten, Sorgen und Problemen zu befreien, damit Sie stattdessen im ständigen Glück des Gewahrseins existieren. Ihr wahres Selbst, Gewahrsein, ist das *einzige* Beständige, das es gibt. Alles andere kommt und geht, erscheint und verschwindet, aber Sie sind derjenige, der nie gekommen ist und niemals geht. Gewahrsein ist das Eine, das sich jeder Sekunde Ihres Lebens und Erlebens gewahr ist, davon jedoch nicht berührt oder geschädigt wird und alles darin willkommen heißt.

»Wir erleben die aufregendste, herausforderndste und kritischste Zeit in der Geschichte der Menschheit. Nie zuvor war so viel möglich; und nie zuvor stand so viel auf dem Spiel.«
Peter Russell, Schriftsteller und Physiker im Ruhestand

Dank der Worte der bewussten Wesen, die in diesem Buch vermittelt werden, haben Sie begonnen aufzuwachen, und ganz gleich, wohin Sie von hier aus gehen, kann das niemals verloren sein. Wo früher die raffinierte Illusion des Geistes vielleicht makellos glänzte, hat sie nun einen Riss bekommen. Dieser Riss wird sich nie wieder ganz verschließen und Ihren Geist wieder in der Dunkelheit des Unwissens zurücklassen. Gewahrsein, das Unendliche Sein, das Sie sind, wird sicherstellen, dass das Gewebe der Illusion weiterreißt, bis die Wahrheit vollständig offenbart und erkannt ist und Sie schließlich als Ihr wahres Selbst wieder vereint sind.

»Wenn wir einen Schritt auf das Selbst zugehen,
macht es neun Schritte auf uns zu.«
Lester Levenson

Manche Menschen erwachen vielleicht sofort, während sie dieses Buch lesen, doch für die meisten von uns scheint es eine längere Reise des Erwachens zu geben. Während Sie weiterhin negative Gefühle und Überzeugungen loslassen und üben, nach besten Kräften als Gewahrsein zu bleiben, wird das Gewahrsein in Ihnen weiterwachsen. Schließlich wird es sich in Ihnen so weit ausdehnen, dass Sie erkennen werden, dass das ganze Universum und alles darin in Ihnen enthalten ist.

Es ist eine Reise ins Nirgendwo, denn Sie können nirgendwohin gehen; Sie sind bereits alles, wonach Sie suchen, genau hier, gerade jetzt. Rupert Spira sagt: »Es gibt keinen Ort, an den du gehen kannst. Probiere einmal, einen Schritt auf dich zu zu machen. Das kannst du nicht tun.«

Das Unendliche Sein, das Sie sind, ist gerade jetzt anwesend. Wenn Sie es noch nicht ganz erkennen, liegt es einfach daran, dass Ihr Verstand Sie davon überzeugt hat, dass Sie eine Person seien. Aber dies ändert sich gerade.

»Wenn das Selbst erkannt ist, können wir nie wieder umkehren und nicht wissen, was es ist. Wir können uns jedoch dafür entscheiden, uns wieder in Individualität zu verlieren.«
David Bingham

Achten Sie auf Ihren Verstand, denn er wird versuchen, Ihnen alle möglichen Dinge einzureden, wie »Du willst das nicht. Es wäre langweilig, die ganze Zeit Gewahrsein zu sein! Lass uns rausgehen und uns mit Tom treffen, um Spaß zu haben!« Natürlich ist Spaß auch gut und wer Sie wirklich sind, freut sich über Spaß. Wenn Sie als Ihr wahres Selbst, als Gewahrsein, leben, werden Sie immer noch Spaß haben und sich mit Tom treffen. In der Tat werden sie als Gewahrsein sogar noch mehr Spaß haben als jemals zuvor. Sie werden viel lachen. Sie werden alles tun, was Sie vorher getan haben. Der einzige Unterschied besteht darin, dass Sie alles in ständigem Glück und Frieden tun werden, ohne Angst, Sorge, Stress oder Traurigkeit.

»Selbst wenn du Astronaut werden und unbekannte Galaxien entdecken würdest, wäre es nicht so großartig wie dein eigenes Selbst hier auf der Erde zu entdecken.«
Mooji, aus: White Fire *(Second edition)*

Ich möchte, dass Sie verstehen, dass das Unendliche Sein, das Sie sind, das Ich ist, als das Sie sich selbst *gerade jetzt* empfinden. Es gibt keine andere Version von Ihnen, die Sie zuerst werden müssten, um das Unendliche Sein zu sein. Als ich diese Entdeckung machte, suchte ich ziemlich lange nach einer anderen Version von mir, bis mir klar wurde, dass es das Unendliche Sein ist, das sich seiner gerade durch meinen Körper gewahr ist.

»Du bist göttlich. Es ist Zeit, damit anzufangen, das zu sein. Hör auf, so zu tun, als wärst du es nicht.«
Pamela Wilson

Wer sind Sie?

»Wir sind alle Götter, die sich wie gottverdammte Narren aufführen.«
Lester Levenson

»Der alleinige Zweck im Leben – der einzige Zweck – ist es, die Gesamtheit dessen zu sein, wer wir sind. Dies ist unsere geheime Absicht, und wir werden alle Requisiten abschaffen, die loszuwerden wir für notwendig halten, um unseren Zweck zu erreichen – Ehen, Häuser, geliebte Menschen, selbst wenn die Requisite unser eigener Körper ist.«
Meine Lehrerin

Wenn Ehen enden oder wir geliebte Menschen verlieren oder wenn Dinge in unserem Leben auseinanderzufallen scheinen, leiden wir vielleicht schlimm, aber sehr oft kommt es durch unser Leiden, dass wir anfangen, uns zu fragen, worum es im Leben geht. Viele der erleuchteten Weisen haben immenses Leiden durchgemacht, und es war ihr Leiden, das sie dazu brachte, das Leben gründlich zu hinterfragen, und das sie schließlich zur Wahrheit dessen führte, wer sie sind.

Es kann schwierig sein, mitten im Leiden auch nur in Erwägung zu ziehen, dass das Leid, das Sie durchmachen, Sie zu etwas Wunderbarem führt, aber tatsächlich wurden viele durch ihr Leiden direkt ins Paradies ihres eigenen Selbsts geführt.

»Wie Leiden doch zu einer Tür zum Frieden wird. Wie Schmerz eine Falltür ist, die sich, wenn man ganz auf ihr steht, unter dem schrecklichen Gewicht der vollen Akzeptanz öffnet … Wie gerade die Dinge, die wir für Hindernisse zum Frieden halten, Fenster sind und auf der anderen Seite der Fenster unser friedliches Selbst. Wie, wenn wir das nicht erhalten, die Hindernisse immer weiter kommen und immer mehr kommen werden. Wie wir sie anziehen wie ein Magnet die Eisenspäne. Wie mächtig ist ein Mensch. Wie wenig wir das wissen. Wie das Nichtwissen das größte Hindernis von allen ist.«
Jan Frazier, aus: When Fear Falls Away

Aber jetzt wissen Sie es.

»Du bist ewig du selbst. Der Rest ist nur ein Traum. Deshalb wird wahre Selbstfindung Erwachen genannt.«
Mooji

»Es ist nur ein Traum« ist die Wahrheit hinter allem, was Sie sehen und erleben. Diese Entdeckung bedeutet nicht, dass es Ihnen an Mitgefühl mangelt, wenn sich jemand aufgrund schwieriger Umstände abmüht. Wenn Sie jedoch die Wahrheit kennen, werden die Gelassenheit und der Friede, die von Ihnen ausgehen, den anderen Menschen umgeben, trösten und durchdringen, ohne dass Worte nötig sind. Wenn Sie wissen, dass alles in Ordnung ist, was auch geschieht, sind Sie endlich frei von jeglicher Vorstellung von Negativität, und Ihre Anwesenheit wird andere in ihrem Leiden wunderbar beruhigen. Es heißt, dass ein Mensch, der ganz als Unendliches Gewahrsein lebt, der Negativität von Millionen und Abermillionen von Menschen entgegenwirkt. Das ist die Kraft der reinen Liebe des Gewahrseins.

»Sie sind Gott in einem materiellen Körper. Sie sind Geist im Fleische.
Sie sind ewiges Leben, das sich selbst in Ihrer Gestalt zum Ausdruck bringt.
Sie sind ein kosmisches Wesen. Sie sind Allmacht. Sie sind Allweisheit.
Sie sind All-Intelligenz. Sie sind Vollkommenheit. Sie sind Herrlichkeit.«
aus: The Secret – Das Geheimnis

Sie sind das weltraumartige Gewahrsein, das den Planeten Erde, die Sonne, die Sterne, die Galaxien und das Universum an Ort und Stelle hält. Sie sind die Grundlage der Existenz.

»Du versuchst immer wieder, nach links oder rechts oder nach außen zu gehen, aber die Antwort auf alles ist, wer du wirklich bist. Und alles auf der Welt verweist dich auf dich selbst zurück.«
Meine Lehrerin

»Nichts und niemand kann Sie vervollständigen. Sie sind bereits ganz und vollständig, genau wie Sie hier und jetzt sind.«
Hale Dwoskin

»Bei Gott, wenn du deine Schönheit siehst, wirst du
dein eigener Abgott sein.«
Rumi

»Alles, was du tun musst, ist herauszufinden, was du bereits hast. Deshalb heißt es ›Erkenntnis‹: Du erkennst, was bereits da ist, was schon immer da gewesen ist.«
Jan Frazier, aus: When Fear Falls Away

Seit Menschen den Planeten Erde bewohnt haben, stellen sie dieselben drei Fragen: Wer bin ich? Woher komme ich? Wohin gehe ich? Die Antwort auf alle drei lautet: Gewahrsein, Gewahrsein, Gewahrsein.

»Aus Glückseligkeit werden alle Wesen geboren, in Glückseligkeit leben sie, und zur Glückseligkeit kehren sie zurück.«
Taittiriya Upanishad

Willkommen zu Hause an dem Ort, den Sie nie verlassen haben.

»Sorge dich um nichts. Du bist nicht zufällig hier. Diese Form ist nur ein Kostüm für eine Weile. Wer aber in dem Kostüm steckt, ist ewig. Das musst du wissen. Wenn du dies weißt und darauf vertraust, brauchst du dir um nichts Sorgen zu machen.«
Mooji, aus: White Fire *(Second edition)*

»Was mir passiert ist, kann auch dir passieren. Vielleicht glaubst du nicht, dass es möglich ist, frei zu werden, nicht mehr zu leiden, dafür Freude zu empfinden, die dich wie ein milder Strom jeden Tag erwärmt, ganz gleich, was der Tag dir bringt. Aber ich bin hier, um dir zu sagen, dass es möglich ist.«
Jan Frazier, aus: When Fear Falls Away

Wenn Ihr Geist erst zur Ruhe gekommen ist, hat das Unendliche Sein das Sagen, das Sie sind und das alles weiß.

»Wenn du ständig bist, wer du bist – Bewusstsein-Gewahrsein –, erhältst du die Antwort auf jede einzelne deiner Fragen. Jeder Wunsch, den du jemals hattest, wird erfüllt werden.«
Meine Lehrerin

Sie werden völlige Klarheit haben. Sie werden nie wieder unter Verwirrung oder Unsicherheit leiden.

»Wir sollen komplett aus der Intuition heraus funktionieren. In dem Moment, in dem du aus der Intuition handelst, die du bist, wird dein Leben schön sein.«
Meine Lehrerin

Alles Leiden kann für Sie genau hier und genau jetzt aufhören. Gewahrsein ist Ihr Weg aus allem Leiden; es ist Ihr Schlüssel zur Unsterblichkeit und einem Leben voller Lachen, Freude, Fülle, Schönheit und Glückseligkeit.

»Das Licht eines Menschen, der die Wahrheit entdeckt, erhellt seit Tausenden von Jahren die menschliche Existenz. Das ist die Kraft eines Menschen, der die Wahrheit darüber erkennt, wer er ist.«
Mooji

»Es gab Menschen, die zu ihren Lebzeiten nicht allgemein bekannt waren und dennoch einen großen Einfluss für alle Zeiten ausübten. Es gab viele weitere, deren Namen nicht in den historischen Aufzeichnungen zu finden sind. Obwohl sie in Vergessenheit gerieten, erreichen uns noch heute die Intelligenz und Liebe, die sie in die Welt ausgestrahlt haben. Unser wahres Geschenk an die Welt besteht darin, eine Quelle der Liebe und Klarheit zu sein und zu erkennen, dass man sich selbst genau kennen muss, um diese Quelle zu sein.«
Francis Lucille, aus: Truth Love Beauty

»Ein Individuum mit nichts als Liebe kann gegen die ganze Welt bestehen, weil diese Liebe so mächtig ist. Diese Liebe ist nichts als das Selbst. Diese Liebe ist Gott.«
Lester Levenson, aus: Happiness Is Free, *Volumes 1–5*

Es gibt nur eine Quelle der Vollendung, und diese Quelle sind Sie! Wenn Sie irgendwo auf der Welt Liebe sehen, erkennen Sie, dass Sie es sind. Wenn Sie einen wunderschönen Sonnenuntergang sehen, wissen Sie, dass die Schönheit, die Sie sehen, Sie ist. Wenn Sie irgendwo auf der Welt Glück bemerken, erkennen Sie, dass es Sie ist. Wo gelacht wird, wissen Sie, dass es Ihre endlose Freude ist, die hindurchscheint. Wenn Sie auf die unfassbare Vielzahl von Lebensformen in der Welt schauen, wissen Sie, dass das Leben, das durch sie atmet, das unendliche Sein ist, und das ist auch Sie. Es existiert nichts anderes als die Herrlichkeit des einen und einzigen Unendlichen Seins, des wahren Selbsts, des reinen Gewahrsein-Bewusstseins. Und es ist Sie.

Letztlich weist Sie jeder Augenblick und jeder Umstand Ihres Lebens nach Hause – zum Gewahrsein. Wenn Ihnen etwas weh tut, ist es ausnahmslos ein Weckruf, der Ihnen sagt, dass Sie gerade in die falsche Richtung gehen – Sie glauben etwas, das nicht wahr ist. Wir sind der verlorene Sohn. Manchmal sind wir überrascht, wir wurden verletzt und geschlagen, wir waren verängstigt, wir haben gelitten und wir sind viele Male hingefallen, aber das Ende für uns alle ist zu erkennen, uns zu erinnern und anzuerkennen, wer wir wirklich sind – ewiges Gewahrsein – und dass es für keinen von uns ein Ende gibt.

Dies ist die einfache, aber wundersame Wahrheit, die so wenigen bekannt ist. Dies ist *das größte Geheimnis*.

Kein Ende

∞

KAPITEL 12 Zusammenfassung

- *Es gibt keinen Tod, wie wir ihn uns vorstellen. Der Körper stirbt, aber der Geist kann vom Tod nicht berührt werden.*

- *Zu sterben, bevor Sie sterben, bedeutet, die Idee sterben zu lassen, eine Person zu sein, und das unendliche Gewahrsein zu erkennen, das Sie wirklich sind.*

- *Wenn der Körper aufhört, bleiben Gewahrsein und Bewusstsein wie immer – voll bewusst und ganz lebendig.*

- *Wenn wir die Wahrheit kennen, wird das Leben licht und voller Leichtigkeit. Es gibt viel Lachen, grenzenlose Liebe und vollen Genuss von allem, was geschieht. Tiefe Liebe und Mitgefühl zur Menschheit und allen Lebewesen breiten sich aus.*

- *Ihr wahres Selbst ist das einzige Beständige, das es gibt. Alles andere kommt und geht, erscheint und verschwindet.*

- *Ein Leben auf der Erde zu haben ist, als hätte man einen Avatar in einem Computerspiel. In unserem menschlichen Leben bekommen wir ebenfalls jedes Mal, wenn wir sterben, einen neuen Körper, bis wir »das Spiel beenden«, indem wir erwachen und ganz erkennen, wer wir sind – Gewahrsein.*

- *Als Ihr wahres Selbst werden Sie sogar noch mehr Spaß haben als jemals zuvor. Sie werden alles tun, was Sie vorher getan haben. Der einzige Unterschied besteht darin, dass Sie alles in ständigem Glück und Frieden tun werden.*

- *Der einzige Zweck im Leben ist es, die Gesamtheit dessen zu sein, wer wir sind.*

- *Sehr oft kommt es durch unser Leiden, dass wir anfangen, uns zu fragen, worum es im Leben geht. Viele wurden durch ihr Leiden direkt ins Paradies ihres eigenen Selbst geführt.*

- *Wenn Sie wissen, dass alles in Ordnung ist, was auch geschieht, sind Sie endlich frei von jeglicher Vorstellung von Negativität, und Ihre Anwesenheit wird andere in ihrem Leiden wunderbar beruhigen.*

- *Gewahrsein ist Ihr Weg aus allem Leiden; es ist Ihr Schlüssel zur Unsterblichkeit und einem Leben voller Lachen, Freude, Fülle, Schönheit und Glückseligkeit.*

- *Wenn Sie irgendwo auf der Welt Liebe sehen, erkennen Sie, dass Sie es sind.*

- *Wenn Ihnen etwas weh tut, ist es ausnahmslos ein Weckruf, der Ihnen sagt, dass Sie gerade in die falsche Richtung gehen – Sie glauben etwas, das nicht wahr ist.*

- *Das Ende für uns alle ist zu erkennen, uns zu erinnern und anzuerkennen, wer wir wirklich sind – ewiges Gewahrsein.*

[illegible] and mental [illegible]

[illegible] the ultimate power you have over every[illegible]

[illegible] element of exp[illegible]

[illegible] the secret of creat[illegible] the art of illusion[illegible]

[illegible] make [illegible]

[illegible] every one [illegible]

Das grösste Geheimnis

Übungen

Affirmation:
»Ich beabsichtige, mir meiner wahren Natur, des Gewahrseins, voll bewusst zu sein. Ich beabsichtige, meine Bestimmung zu erfüllen und mein Leben in der Freude des Unendlichen Gewahrseins zu leben, das ich bin. Ich habe die Entscheidung getroffen, das ewige, unzerstörbare reine Gewahrsein, das ich bin, ganz zu verwirklichen.«

- *Die Gewahrseins-Übung:*
  Schritt 1: Fragen Sie sich: »Bin ich gewahr?«
  Schritt 2: Stellen Sie Gewahrsein fest.
  Schritt 3: Bleiben Sie als Gewahrsein.

- *Lenken Sie Ihre Aufmerksamkeit zunehmend auf das Gewahrsein, indem Sie das Gewahrsein im Laufe des Tages immer wieder feststellen.*

- *Schenken Sie sich mindestens fünf Minuten am Tag Zeit, um Ihre Aufmerksamkeit auf das Gewahrsein zu richten. Dies können Sie als Erstes nach dem Aufwachen tun, wenn Sie ins Bett gehen oder zu einer anderen Zeit, die Ihnen passt.*

- *Stellen Sie jedes negative Gefühl in Frage: »Bin ich das, oder bin ich derjenige, der sich dessen bewusst ist?«*

- *Sie können dieselbe Frage (»Bin ich das, oder bin ich derjenige, der sich dessen bewusst ist?«) bei jeglichen negativen Gedanken oder schmerzlichen Empfindungen stellen.*

- *Die Super-Übung*
  Schritt 1. Heißen Sie alles Negative willkommen.
  Schritt 2. Bleiben Sie als Gewahrsein.

- *Stellen Sie sich die Frage: »Bin ich es, der leidet, oder bin ich derjenige, der sich des Leidens gewahr ist?« In Wahrheit sind Sie es, der sich des Leidens gewahr ist, und nicht derjenige, der leidet.*

- *Merken Sie sehr bewusst auf, wenn Sie sich sagen hören: »Ich glaube« oder »Ich glaube nicht«, denn was diesen Worten unmittelbar folgt, ist ein Glaubenssatz.*

- *Merken Sie sehr bewusst auf, wenn Sie sich sagen hören: »Ich denke« oder »Ich denke nicht«, denn was diesen Worten folgt, wird höchstwahrscheinlich ebenfalls eine Überzeugung zum Ausdruck bringen.*

- *Sie können dem Unterbewusstsein eine Anweisung geben, Ihre Überzeugungen für Sie hervorzuheben, damit Sie sich ihrer bewusster werden: »Zeige mir meine Überzeugungen klar eine nach der anderen, damit ich jede einzelne bewusst wahrnehme.«*

- *Um Überzeugungen aufzudecken, achten Sie auf Ihre Reaktionen.*

- *Heißen Sie jegliches Gefühl des Widerstands willkommen.*

- *Um sich von jeglichem Verhaftetsein oder Problemen zu befreien, heißen Sie sie willkommen und bleiben Sie einfach als Gewahrsein.*

- *Wenn Sie sich nicht glücklich fühlen, denken Sie daran, jedes Gefühl willkommen zu heißen, das nicht Glück ist, und zuzulassen, dass es da ist, ohne zu versuchen, es zu ändern oder loszuwerden.*

- *Das Gewahrsein sagt zu absolut allem »Ja«. Gewahrsein lässt allem die Freiheit, so zu sein, wie es ist, weil die Welt und alles in ihr Gewahrsein ist – ihr eigenes Selbst.*

- *Halten Sie inne und besinnen Sie sich jetzt auf die Gegenwart, denn Gewahrsein ist nur in diesem gegenwärtigen Moment zu erkennen!*

»Was auch immer auf dich zukommt:
Diese grundlose Freude wird anhalten.«
– Jan Frazier

Das grösste Geheimnis
stellt vor

Ich fühle mich unglaublich glücklich und dankbar, zur gleichen Zeit auf diesem Planeten zu sein wie viele der großartigen Lehrer, die in diesem Buch vorgestellt werden. Jedes dieser Wesen widmet sein Leben *unserer* Freiheit und *unserem* Glück. Viele von ihnen tun dies schon seit Jahrzehnten. Wenn Sie die Anwesenheit von einem von ihnen erlebten, würden Sie die überwältigende Liebe und Freude spüren, die von ihnen ausgeht und Ihnen Ihre wahre Natur widerspiegelt. Wenn sich Ihnen die Möglichkeit bietet, mit einem der Lehrer persönlich zusammen zu sein, nehmen Sie sie wahr! Und wenn Ihnen dies nicht möglich ist, können Sie sich bestimmt mit einigen von ihnen live online verbinden. Es ist das Nächstbeste.

Das Erwachen zu unserer wahren Natur ist heute einfacher als je zuvor; es ist für jeden von uns möglich, den ganzen Weg nach Hause zu gehen. In der Zukunft wird es vielleicht nicht so einfach sein – wir wissen es nicht –, deshalb, wenn Sie können, machen Sie das Bestmögliche aus dieser jetzigen Zeit, Ihrem jetzigen Leben und diesen inspirierenden Lehrern.

SAILOR BOB ADAMSON

Sailor Bob ist Australier und lebt in meiner Heimatstadt Melbourne. Ich wurde erst Anfang 2016 auf Sailor Bob aufmerksam, nachdem ich die Wahrheit darüber erkannt hatte, wer wir wirklich sind. Ich lebte seinerzeit in den Vereinigten Staaten, aber viele Jahre zuvor, als ich noch in Melbourne lebte, war ich Tag für Tag, Jahr für Jahr an Sailor Bobs Haus vorbeigekommen, wenn ich zur Arbeit fuhr. Ich hatte keine Ahnung, dass ich an einem selbstverwirklichten Lehrer vorbeifuhr, der eines Tages eine wesentliche Rolle in meinem Leben spielen würde. Als ich 2016 von Sailor Bob erfuhr, beschloss ich, sofort in ein Flugzeug zu steigen und ihn zu besuchen. Er war damals in den Achtzigern, und ich nahm an mehreren seiner Treffen teil und hatte persönliche Einzelgespräche mit ihm. Jedes Mal, wenn ich Sailor Bob sah, fühlte ich mich leichter, glücklicher und freier. Es war in der Frühzeit meines spirituellen Erwachens, und ich bemühte mich, alles zu erfassen, was er mir erzählte, doch heute ist alles kristallklar. Sailor Bob erkannte seine wahre Natur viele Jahrzehnte zuvor in Indien als Schüler von Nisargadatta Maharaj. Seit jener Zeit hat Bob seine Lehren von zu Hause aus an alle weitergegeben, die daran interessiert sind, die Wahrheit zu erfahren. Er ist jetzt in den Neunzigern und hält immer noch Versammlungen in seinem Haus ab. Seine Frage »Was ist los, wenn du nicht darüber nachdenkst?« zählt zu einigen der einfachsten und tiefsten Worte, die jemals geprägt wurden. Sailor Bob veröffentlichte die Bücher *What's Wrong with Right Now?* und *Presence-Awareness: Just This and Nothing Else*. Mehr von dem geschätzten Sailor Bob Adamson können Sie auf seiner Website genießen: sailorbobadamson.com.

JULIAN BARBOUR

Julian Barbour ist ein britischer Physiker. Er ist Autor von drei Büchern: *The End of Time: The Next Revolution in Our Understanding of the Universe* geht der Idee nach, dass Zeit eine Illusion sei; *The Discovery of Dynamics* untersucht den Hintergrund von Newtons Entdeckungen, und sein jüngstes Buch, *The Janus Point*, schloss er mit dreiundachtzig Jahren ab. Julians Website ist: platonia.com.

DAVID BINGHAM

David Bingham verbrachte Jahrzehnte als spiritueller Sucher und es war ein Podcast des Lehrers John Wheeler, der ihn erweckte zu dem, der er wirklich ist. David wurde im Conscious TV interviewt, um über sein Erlebnis der Selbsterkenntnis zu sprechen, und genau dieses Interview leitete mein Erwachen ein. Ich sah das Interview, folgte Davids Fußstapfen und hörte mir denselben Podcast an. Dann hatte ich eine telefonische Beratung bei David, in der er mir half, Gewahrsein zu erleben und die Wahrheit darüber zu erkennen, wer ich wirklich bin. David ist heute ein Lehrender und konnte schon vielen helfen, ihre wahre Natur zu erkennen. Davids Interviews im Conscious TV sind auch in dem Buch *Conversations on Non-Duality* nachzulesen. Mehr über die wunderbaren Lehren von David Bingham finden Sie auf seiner Website: nonconceptualawareness.com.

DEEPAK CHOPRA™, M. D., FACP

Deepak Chopra™, ein staatlich geprüfter Endokrinologe, unternahm eine Entdeckungsreise von Indien in die Vereinigten Staaten. Nachdem er von der westlichen Medizin zunehmend enttäuscht war, wechselte er zur integrativen ganzheitlichen Medizin. 1995 eröffnete Deepak das Chopra Center for Wellbeing, aus dem Chopra Global hervorging, ein Unternehmen für ganzheitliche Gesundheit, das die persönliche Transformation zum Wohlbefinden von Millionen von Menschen weltweit unterstützt. Er hat mehr als neunzig Bücher geschrieben, viele davon wurden Bestseller. Ich habe Deepak zum ersten Mal vor einigen Jahren auf der SAND-Konferenz (Science and Nonduality, Wissenschaft und Nondualität) bei einer Rede gesehen, wo ich, als er fertig war, zu einer stehenden Ovation aufsprang. Sie finden Deepaks umfangreiche und erfolgreichen Lehren auf seiner Website: deepakchopra.com.

ANTHONY DE MELLO, S.J.

Der bereits verstorbene Anthony (Tony) de Mello war ein in Bombay, Indien, geborener Jesuitenpriester. Obwohl er nur fünfundvierzig Jahre auf diesem Planeten war, sind seine Lehren heute so lebendig wie nie zuvor. Tonys einzigartige Fähigkeit, westliche und östliche Spiritualität zu verbinden, machte seine Lehren inspirierend und transformierend. Ein Großteil seines Publikums war katholisch oder christlich, und er schöpfte viel aus den Lehren der Bibel und beleuchtete ihre Bedeutung für seine Zuhörer. Dies in Verbindung mit seiner brillanten Kunst, Geschichten zu erzählen, weckte die Menschen für die Wahrheit. Tonys Bücher sind seit dem Tod seiner physischen Form im Jahr 1987 Bestseller geblieben und haben sich millionenfach verkauft: *Sadhana, A Way to God, One Minute Wisdom, Wellsprings, Songs of the Bird* (dt. Ausgaben: *Sadhana, Meditieren mit Leib und Seele, Eine Minute Weisheit, Dass ich sehe, Warum der Vogel singt), The Way to Love, Heart of the Enlightened* und *Taking Flight.* Meine Favoriten zum Einstieg sind *Awareness: Conversations with the Masters* und *Rediscovering Life* (dt. Ausgabe: *Das Leben neu entdecken).* Es gibt auch Videoaufnahmen und es ist eine Freude, Tonys Vorträge zu erleben, die immer mit einem Lächeln in der Stimme und mit Liebe im Herzen einhergingen. Die Website dieses wunderbaren Lehrers ist demellospirituality.com.

HALE DWOSKIN

Hale Dwoskin war ein Schüler und der ausdrückliche Erbe des legendären Lester Levenson, und er war auch einer der vorgestellten Lehrer in *The Secret – Das Geheimnis.* Hale hat sein Leben der Fortsetzung von Lesters Arbeit durch die Sedona-Methode gewidmet, um anderen zu helfen, ihre wahre Natur zu erkennen. Die Veränderung des Lebens vieler Menschen beweist den Erfolg der Methode. Hale hält regelmäßig Retreats, bei denen er Teilnehmer darin schult, Negativität loszulassen, damit sie ihr wahres Selbst erkennen können. Ein großer Teil meiner eigenen Reise bestand im Loslassen. Sie finden alle Lehren von Hale und Lester in den Büchern *The Sedona Method* (dt. Ausgabe: *Die Sedona-Methode)* und *Happiness Is Free, Volumes 1–5*. Hale hält mehrere Retreats pro Jahr in den Vereinigten Staaten, wo er lebt, und weltweit. Seine Vorträge, Telefonkonferenzen und Retreats stehen Menschen auf der ganzen Welt zur Verfügung, online daran teilzunehmen. Ich selbst habe viele von ihnen auf diese Weise besucht. All dieses wunderbare Material ist außerdem archiviert und auf Hales Website zugänglich: sedona.com.

PETER DZIUBAN

Peter Dziuban ist Autor und Dozent für Gewahrsein, Bewusstsein und Spiritualität. Der geborene Amerikaner lebt in Arizona. Ich hörte zum ersten Mal von Peter, als meine Lehrerin sein Buch *Consciousness Is All* empfahl. Ich las das Buch und hörte mir dann das Hörbuch an, in dem Peter spontan noch viele weitere Stunden Unterweisung gibt. *Consciousness Is All* ist erkenntnisreich und atemberaubend; es wird Ihnen mehrmals buchstäblich den Atem rauben. Ich bin ehrlich dankbar, dass ich dieses Buch erlebt habe, denn es hat meine Welt zerstört (eine gute Sache!). Wenn Sie bereit sind, einen anspruchsvolleren Schritt zu tun, ist dieses Buch ein Muss. Wenn Sie eher ein Anfänger sind und Peters Lehren in einer einfacheren Form probieren möchten, empfehle ich Ihnen, mit seinem Buch *Simply Notice* zu beginnen. Seine Website ist peterdziuban.com.

JAN FRAZIER

Die Schriftstellerin, Lehrerin und Mutter Jan Frazier erlebte 2003 eine radikale Transformation des Bewusstseins. Sie hatte Jahre in extremer Angst vor einer möglichen Krebsdiagnose verbracht, bis plötzlich die Angst von ihr abfiel und sie in einen Zustand grundloser Freude eintauchte, die sie nie mehr verlassen hat. Im weiteren Verlauf ihres Lebens entdeckte sie, dass es möglich ist, ein reiches Menschenleben ohne Leiden zu führen. Jetzt ist es ihr Wunsch, die Wahrheit zu vermitteln, die in jedem Menschen lebt. Ich hatte das Glück, in einer privaten Sitzung mit Jan in Verbindung zu treten, und ich habe jedes ihrer schönen Bücher gelesen. *When Fear Falls Away: The Story of a Sudden Awakening* ist ihr Tag-für-Tag-Bericht über ihr Erwachen. Ihre anderen Bücher sind *The Freedom of Being: At Ease with What Is, The Great Sweetening: Life After Thought* und *Opening the Door: Jan Frazier Teachings on Awakening.* Jan schreibt sehr zugänglich, poetisch und ausgesprochen schön, wie die Zitate in diesem Buch bezeugen, die aufzunehmen sie mir so großzügig erlaubt hat. Weitere Informationen zu Jans Lehren finden Sie auf ihrer Website: janfrazierteachings.com.

JOEL S. GOLDSMITH

Joel S. Goldsmith war ein beliebter amerikanischer spiritueller Autor und Mystiker. Am bekanntesten ist er durch sein Buch *The Infinite Way* (dt. Ausgabe: *Der unendliche Weg),* das zu einem Klassiker wurde und das Leben vieler Menschen auf der ganzen Welt beeinflusst hat, auch meines. Joel hat viele Bücher geschrieben, und Originalaufnahmen seiner Vorträge sind auf seiner Website zugänglich, liebevoll bewahrt von seinen drei Kindern: joelgoldsmith.com.

DR. DAVID R. HAWKINS, M. D., PH. D.

Dr. Hawkins war ein landesweit bekannter amerikanischer Psychiater, Arzt, Forscher, spiritueller Lehrer und Dozent. Aufgrund seiner wissenschaftlichen und medizinischen Bildung waren seine spirituellen Lehren wissenschaftlich überzeugend. Ich habe vor über fünfzehn Jahren zum ersten Mal von Dr. Hawkins gehört, als ich sein Buch *Power vs. Force* (dt. Ausgabe: *Die Ebenen des Bewusstseins)* las, das mich sehr beeindruckte. Jahre später folgte ich wieder seinen Lehren, als ich viele seiner Vorträge hörte und sein Buch *Letting Go* (dt. Ausgabe: *Loslassen)* las. Weitere Bücher von Dr. David Hawkins sind *Book of Slides; Healing and Recovery; Reality, Spirituality and Modern Man; Transcending the Levels of Consciousness; Discovery of the Presence of God* und *Truth vs. Falsehood*. Dr. Hawkins war ein produktiver Schriftsteller, Dozent und Lehrer, der eine riesige Zahl von Menschen auf der ganzen Welt beeinflusste. Seine körperliche Form starb 2012, seitdem hat seine Frau Susan seine unschätzbaren Lehren am Leben erhalten. Auf der Website veritaspub.com können Sie in die spirituellen Lehren und Arbeiten von Dr. David Hawkins eintauchen.

MICHAEL JAMES

Schon in jungen Jahren war Michael James voller Fragen und mit neunzehn Jahren begann er eine weltweite Suche nach dem Sinn des Lebens. Er reiste durch viele Länder und landete im Himalaya und in Indien. Er besuchte zahlreiche heilige Stätten und verschiedene Ashrams, um nach dem Zweck und Sinn des Lebens zu suchen. Schließlich ging er nach Tiruvannamalai in Indien, in den Ashram von Ramana Maharshi, der Jahrzehnte zuvor gestorben war. Er hatte vor, ein paar Tage zu bleiben, aus denen dann zwanzig Jahre wurden. Bei seiner Ankunft las Michael Ramanas Buch *Who Am I?* (dt. Ausgabe: *Nan Yar? Wer bin ich?)* und wusste, dass er endlich gefunden hatte, wonach er suchte. Er lernte Tamilisch, um Ramana Maharshis Lehren übersetzen zu können, was er in den folgenden zwanzig Jahren tat. Ich habe von

Michael zum ersten Mal erfahren, als ich sah, wie er im Conscious TV interviewt wurde. Ich las sofort sein aufschlussreiches Buch *Happiness and the Art of Being*, das Ramanas Lehren zusammenfasst und Michaels Lebenswerk ist. Besuchen Sie Michaels Website unter happinessofbeing.com.

BYRON KATIE

Inmitten eines gewöhnlichen amerikanischen Lebens – zwei Ehen, drei Kinder und eine erfolgreiche Karriere – geriet Byron Katie in eine zehnjährige Abwärtsspirale, die in Depressionen, Platzangst, Selbstverachtung und suizidale Verzweiflung führte. In ihrer Not wies sich Katie selbst in eine offene Anstalt ein, wo sie etwa eine Woche später erwachen sollte; all ihre Depressionen und Ängste waren verschwunden. Stattdessen fühlte sich Katie von Freude berauscht, die seitdem bei ihr geblieben ist. Ihre Erkenntnis war: Wenn sie ihren Gedanken glaubte, litt sie, aber wenn sie ihre Gedanken in Frage stellte, litt sie nicht – und dies gilt für jeden Menschen. Aus ihrem Erlebnis der Selbsterkenntnis entwickelte Katie vier Fragen, die als »The Work« bekannt wurden. Diese Lehre hat Hunderttausende von Menschen weltweit vom Leiden befreit und tut dies auch weiterhin. Ich habe Katies Lehren benutzt, um meine eigenen Gedanken in Frage zu stellen, und hatte das Glück, bei mehreren Vorträgen von Katie dabei zu sein, bei denen sie ihre vier Fragen stellte, um Menschen von ihren Überzeugungen zu befreien. Katie schrieb die Bücher *Loving What Is, A Mind at Home with Itself, A Thousand Names for Joy, I Need Your Love – Is That True?* (dt. Ausgaben: *Lieben was ist, Ich liebe was ist, Eintausend Namen für Freude, Ich brauche deine Liebe – stimmt das?), A Friendly Universe*, und für Kinder *Tiger-Tiger – Is It True?* (dt. Ausgabe: *Tiger-Tiger, ist es wahr?)* und *The Four Questions*. Mehr über die schönen Lehren von Byron Katie finden Sie hier: thework.com.

LOCH KELLY

Loch Kelly kombiniert Weisheitslehren, Psychologie und neurowissenschaftliche Studien, um uns zu helfen, ein erwachtes Leben zu führen. Nach einer spirituellen Reise, die mehrere Traditionen und Lehrer umfasste, erkannte Loch seine wahre Natur. In seinen Lehren teilt Loch seine eigene Erfahrung, die ihm große Freude, Freiheit und Liebe gegeben hat, und hilft den Menschen zu erwachen – als nächste natürliche Stufe der Entwicklung. Seine Bücher sind *Shift into Freedom* (dt. Ausgabe: *Reise ins Erwachen)* und *The Way of Effortless Mindfulness.* Auf Lochs Website finden Sie außerdem eine Fülle von Lehren, Retreats, Online-Videos und Kursen: lochkelly.org.

JIDDU KRISHNAMURTI

Jiddu Krishnamurti wurde 1895 in Indien geboren und war sich seiner wahren Natur von Kindheit an bewusst. Er gilt weithin als einer der größten Denker und Religionslehrer aller Zeiten. Mein Ex-Mann hörte während unserer ganzen Ehe Krishnamurti-Aufnahmen, sodass ich in meinen Zwanzigern und Dreißigern viele Jahre lang seinen Lehren ausgesetzt war. Aber erst auf meiner spirituellen Reise zu dem *Geheimnis* kehrte ich zu seinen Lehren zurück und vermochte sie endlich zu verstehen. Viele der in diesem Buch vorgestellten Lehrer wurden von Krishnamurtis Lehren beeinflusst. Krishnamurti selbst verbrachte sein gesamtes Erwachsenenleben damit, weltweit vor einem großen Publikum und mit Einzelpersonen (darunter Schriftsteller, Wissenschaftler, Philosophen, religiöse Persönlichkeiten und Pädagogen) über die Notwendigkeit eines radikalen Wandels in der Menschheit zu sprechen. Ihm ging es um die ganze Menschheit, er bekannte sich zu keiner Nationalität oder Überzeugung und gehörte keiner bestimmten Gruppe oder Kultur an. Krishnamurti hinterließ ein großes literarisches Vermächtnis in Form von öffentlichen Vorträgen, Schriften, Diskussionen mit Lehrern und Schülern, Fernseh- und Radiointerviews und Briefen. Viele davon wurden als Bücher in über fünfzig Sprachen zusammen mit Hunderten von Audio- und Videoaufnahmen veröffentlicht. Die Schatzkammer von Krishnamurtis Lehren finden Sie unter jkrishnamurti.org.

DR. ROBERT LANZA, M. D.

Dr. Robert Lanza gilt als einer der Väter auf dem Gebiet der angewandten Stammzellbiologie. Er hat Hunderte von Veröffentlichungen und Erfindungen und über dreißig wissenschaftliche Bücher veröffentlicht, darunter *Biocentrism,* in denen Dr. Lanza ein überzeugendes Argument für das Bewusstsein als Grundlage für das Universum liefert, statt das Bewusstsein nur als dessen Nebenprodukt zu betrachten. Wenn Sie nach einem brillanten wissenschaftlichen Blick auf den Inhalt des vorliegenden Buches suchen, wird Sie *Biocentrism: How Life and Consciousness Are the Keys to Understanding the True Nature of the Universe* begeistern und jede Frage, die Ihnen in den Sinn kommen könnte, mehr als beantworten. Dr. Lanza hat zahlreiche Auszeichnungen erhalten, darunter die Aufnahme in die Liste der 100 einflussreichsten Personen der Welt der Zeitschrift *Time* und unter die ersten 50 »World Thinkers« der Zeitschrift *Prospect.* Dr. Lanza wurde als Genie und Querdenker beschrieben und mit Einstein verglichen. Mehr über den brillanten Robert Lanza finden Sie unter robertlanza.com.

PETER LAWRY UND KALYANI LAWRY

Die Australier Peter und Kalyani Lawry leben in Melbourne (meiner Heimatstadt). Nach einer intensiven spirituellen Reise über mehrere Jahre und nach einer Reise durch Indien erkannten Peter und Kalyani ihre wahre Natur. Es ist selten, dass man diese Selbsterkenntnis bei Eheleuten antrifft, und das macht die Treffen, die die beiden in Melbourne abhalten, zu etwas ganz Besonderem. Ich hatte einen lebensverändernden Nachmittag mit Peter und Kalyani, als ich Melbourne vor einigen Jahren besuchte, und ich hatte auch das Glück, einige private Telefonsitzungen mit Kalyani zu erleben. Ihre Bücher sind *A Sprinkling of Jewels* und *Only That*, verfasst von Kalyani. Weitere Informationen finden Sie unter nonduality.com.au.

LESTER LEVENSON

Lester Levenson, die Legende. Er war der lebende Beweis dafür, was in einem kranken Körper geschieht, wenn das Licht der Wahrheit ihn durchdringt. Lester pflegte zu sagen: »Krankheit im Körper ist eine Krankheit im Geist.«. Er war eine Inspiration für Tausende und Abertausende von Menschen, und seine Lehren haben nach dem Tod seiner körperlichen Form in den 1990er-Jahren viele weiterhin inspiriert und vom Leiden befreit. Lesters Unterweisungen sind in einfacher Sprache gehalten und daher kristallklar; aus diesem Grund werden seine Lehren den Menschen noch in den kommenden Jahrhunderten zum Erwachen verhelfen. Zu Lesters Vermächtnis gehört seine Hauptgruppe von Schülern, die Selbsterkenntnis erlangten und nun eigenständige Lehrer sind. Einer davon ist Hale Dwoskin, der Hüter von Lesters Werk; ich bin ihm sehr dankbar dafür, dass ich so viele von Lesters einfachen und kraftvollen Lehren in diesem Buch verwenden darf. Lesters Lehren haben eine wichtige Rolle in meinem Leben gespielt und tun dies auch weiterhin. Die meisten Zitate von Lester in diesem Buch stammen aus *Happiness Is Free, Volumes 1–5* von Lester Levenson und Hale Dwoskin. Um mehr über diesen wunderbaren Lehrer zu erfahren, gehen Sie auf sedona.com.

FRANCIS LUCILLE

Der in Frankreich geborene Francis Lucille lebt heute in den Vereinigten Staaten. Im Alter von 30 Jahren, als er seinen Lehrer Jean Klein kennenlernte, erkannte Francis seine wahre Natur. Es war Jean Kleins Vorschlag, dass Francis in die USA zieht, um zu lehren und die Wahrheit mit anderen zu teilen. Francis hatte an der renommierten École polytechnique in Frankreich Physik studiert und kann so seine Lehren auf klare, wissenschaftliche Weise vermitteln. Durch seine schönen, klaren und präzisen Vorträge hat er unzähligen Menschen geholfen, ihre wahre Natur zu erkennen – darunter auch dem Studenten Rupert Spira, der in diesem Buch ebenfalls vorgestellt wird. Ich habe an mehreren Retreats mit Francis in Kalifornien teilgenommen und auch das große Vergnügen gehabt, viele Stunden mit ihm auf seinem Grundstück zu verbringen. Francis hält jedes Jahr Retreats in Europa und den Vereinigten Staaten sowie persönliche Treffen (an den meisten Wochenenden) ab, die live im Internet übertragen werden. Sie können an diesen Treffen teilnehmen, wo auch immer Sie sich gerade aufhalten, und die einladende Präsenz dieses wunderbaren Lehrers erleben. Francis' Bücher sind *Truth Love Beauty, The Perfume of Silence* und *Eternity Now;* ich habe jedes davon mehrmals gelesen. Auf seiner Website finden Sie eine Vielzahl brillanter Vorträge von Francis' Treffen und Retreats: advaitachannel.francislucille.com.

SHAKTI CATERINA MAGGI

Shakti Caterina Maggi erwachte 2003 und unterrichtet seit neun Jahren. Seit sie damit begann, vermittelt Shakti die Botschaft vom Erwachen zu unserer wahren Natur als Ein Bewusstsein. Sie ist Italienerin, lebt in Italien und hält Retreats und Zusammenkünfte in Europa und rund um den Globus sowie Online-Seminare ab. Die Treffen finden in italienischer, manche in englischer Sprache statt. Ich habe Shakti zum ersten Mal auf einer spirituellen Konferenz gesehen, die ich besuchte, wo ihre Rede und Präsenz mich sehr beeindruckt haben. Sie wird in dem Buch *On the Mystery of Being* vorgestellt. Sie schreibt auch einen Blog auf Englisch. Viele aufschlussreiche Artikel können Sie auf ihrer Website finden: shakticaterinamaggi.com.

RAMANA MAHARSHI

Ramana Maharshi ist legendär. 1896, im Alter von 16 Jahren, überkam ihn eine intensive Todesangst. Ramana legte sich hin und hieß den Tod vollends willkommen. In diesem Augenblick verwandelte er sich von einer Person in das, was tatsächlich real ist – den unsterblichen Geist. Für Ramana existierte von jenem Tag an die äußere Person, die er zu sein schien, nur aus der Sicht anderer; aus seiner Sicht gab es nur den unendlichen Raum des Gewahrseins. Ramanas Lehren offenbaren den direkten Weg zum Erwachen durch Selbsterforschung, eine Methode, die viele der in diesem Buch vorgestellten Lehrer vermitteln. Seine Lehren verweisen einen auf das innerste Selbst, die einzige Realität, die allem zugrunde liegt, was existiert. Ich bin nur eine von vielen, deren Leben durch Ramana Maharshis Lehren verwandelt wurde. Um mehr über dieses legendäre Wesen zu erfahren, besuchen Sie seine Website, von der eine Vielzahl von Büchern kostenlos heruntergeladen werden kann: sriramanamaharshi.org.

MEINE LEHRERIN

Meine Lehrerin, die anonym bleiben möchte, war eine Schülerin von Lester Levenson und Robert Adams, zweien meiner Lieblingslehrer aus der Vergangenheit. Als ich meiner Lehrerin vor vier Jahren zum ersten Mal begegnete und in ihrer Nähe stand, wurde ich von glückseliger Freude überwältigt. Wenn man dieses Maß an Seligkeit empfindet, will man, dass sie nie wieder vergeht. Dieses Maß ist unsere wahre Natur! Leider blieb die glückselige Freude nicht dauerhaft, denn allmählich kehrte mein Verstand zurück und brachte sein Unglück und seinen Stress mit sich. Aber unter der Anleitung meiner Lehrerin, dank meines gewissenhaften Befolgens ihrer Übungen – die alle in diesem Buch beschrieben sind – und da ich regelmäßig in ihrer Gegenwart war, wurde mein Verstand immer schwächer. Jetzt sind Frieden und Glück die meiste Zeit bei mir und ich weiß, dass es für jeden so sein kann.

MOOJI

Mooji wurde auf Jamaika geboren und zog als Teenager nach London. Heute lebt er in Portugal, wo er Monte Sahaja gründete, ein Zentrum für Selbsterkenntnis. Moojis spirituelles Erwachen wurde 1987 durch eine Begegnung mit einem christlichen Mystiker ausgelöst und fand seinen Höhepunkt 1993 zu Füßen seines Meisters, des bekannten indischen Weisen Papaji. Seitdem sind unzählige Menschen zu Mooji gekommen, um spirituelle Führung zu erlangen, viele von ihnen erkannten ihre wahre Natur. Moojis profunde Lehren haben eine große Anhängerschaft aus aller Welt angezogen, insbesondere auf YouTube, wo er viele seiner Vorträge (Satsangs) als Videos kostenlos zugänglich macht. Moojis Unterrichtsstil findet bei vielen Anklang, insbesondere sein Sinn für Humor, Analogien, Geschichtenerzählen und Metaphern, die er geschickt einsetzt, um die Wahrheit zu illustrieren. Wie viele andere habe ich Hunderte von Moojis Vorträgen gesehen. Ich reiste nach Portugal, um mit meiner Tochter an einem von Moojis Retreats teilzunehmen, und meine Tochter erlebte bei diesem Retreat ihr wahres Selbst. Kein Empfehlungsschreiben könnte überzeugender sein als dieses Erlebnis. Zu Moojis Büchern gehören *Vaster Than Sky, Greater Than Space*; *White Fire (Second Edition)*; *The Mala of God* und *An Invitation to Freedom* (ein kleines, aber großartiges Buch, um das wahre Selbst zu erkennen). Sie finden die Bücher und eine Fülle der Unterweisungen dieses schönen Wesens auf mooji.org.

JAC O'KEEFFE

Jac O'Keeffe ist Irin und lebt jetzt in Florida. Vor über zehn Jahren deckte Jac die Wahrheit auf und erlangte die Selbsterkenntnis. Sie können sich nichts Besseres wünschen als Jacs Unterweisungen, bei denen sie über die Grenzen des konditionierten Denkens hinausgeht. Sie ist bekannt für ihre Klarheit und direkte Art und hält Retreats, Workshops und private Sitzungen für ihre Schüler. Ich habe Jac vor einigen Jahren online entdeckt und empfand ihre Vorträge wie einen Hauch frischer Luft. Ich hatte auch das Glück, einige ihrer Vorträge persönlich zu erleben. Sie können sich durch ihre Bücher *Born to Be Free* und *How to Be a Spiritual Rebel* weiter von Jacs Arbeit inspirieren lassen. Wie alle Lehrer*innen im vorliegenden Buch widmet sie ihr Leben der Befreiung des Menschen von unnötigem Leiden, das durch unser Denken verursacht ist, damit wir im freudigen Glück und der Seligkeit unseres wahren Selbst leben können. Ihre Website ist jac-okeeffe.com.

MAX PLANCK

Der deutsche Physiker Max Planck leistete viele Beiträge zur theoretischen Physik, doch sein Ruhm beruht hauptsächlich auf seiner Entdeckung von Energiequanten, die das menschliche Verständnis atomarer und subatomarer Prozesse revolutionierte. Für diese Leistung erhielt er 1918 den Nobelpreis.

SRI POONJA

Sri Poonja, der von seinen Schülern, darunter Mooji, liebevoll »Papaji« genannt wird, wurde in Indien geboren. Papaji fühlte sich bereits als Kind von der Spiritualität angezogen. Sein erstes spirituelles Erlebnis hatte er im Alter von neun Jahren. Gut dreißig Jahre später endete Papajis spirituelle Suche, als er Ramana Maharshi traf und sein wahres Selbst erkannte. In den 1980er- und 1990er-Jahren strömten Tausende und Abertausende nach Lucknow in Indien, um die Energie von Papaji zu erleben. 1997 verließ er seinen Körper. Um mehr über Papajis Lehren zu erfahren, besuchen Sie avadhuta.com.

ROSENKREUZERORDEN

In der Einleitung und an verschiedenen Stellen im vorliegenden Buch erwähne ich den Rosenkreuzerorden, dessen Hauptsitz auf den Kanarischen Inseln liegt. Ich wurde zum Ehrenmitglied dieser Organisation ernannt, die sich der Bewusstseinsbildung der Menschheit widmet. Die Entstehung des Rosenkreuzerordens in Europa reicht in das 14. Jahrhundert zurück, aber er ist auch der geistige Erbe der alten Wissensschulen, die in Babylon, Ägypten, Griechenland und Rom und vielleicht sogar noch früher eine Blütezeit erlebten. Zu den Mitgliedern des Ordens zählten viele angesehene Persönlichkeiten, die im Laufe der Jahrhunderte still und fleißig und unter großem persönlichen Risiko wirkten, um die Menschheit mit der Wahrheit von ihrem Leiden zu befreien. Francis Bacon war der Imperator des Rosenkreuzerordens, Isaac Newton war Mitglied, und dies sind nur zwei der vielen prominenten Namen, die mit dem Orden verbunden sind. Der derzeitige Imperator des Ordens, Angel Martin Velayos, hat mich über viele Jahre betreut. Ich habe die Lehren der Rosenkreuzer über einen Zeitraum von zehn Jahren studiert und über zweiundzwanzig Grade der englischen Lehren erarbeitet. Sie haben mir sehr geholfen, die Wahrheit zu erkennen und zu verstehen. Weitere Informationen über den Orden finden Sie unter www.rosicrucian-order.com.

RUMI

Rumi war ein Sufi-Mystiker und Dichter des 13. Jahrhunderts. Rumis Einfluss und seine ergreifenden Worte der Wahrheit haben alle Grenzen der Religion, Geographie und spirituellen Tradition überschritten, und seine Gedichte werden auf der ganzen Welt geschätzt.

PETER RUSSELL

Peter Russell, der ursprünglich in Mathematik und Theoretischer Physik an der Universität Cambridge ausgebildet wurde, hat sein ganzes Leben lang Wissenschaften und spirituelle Traditionen studiert. Einige seiner vielen Bücher sind *The TM Technique, From Science to God, The Consciousness Revolution* (dt. Ausgaben: *Der direkte Weg; Quarks, Quanten und Satori; Die Bewusstseins-Revolution), The Global Brain* und *Waking Up in Time.* Ich hatte das Vergnügen, Peter auf der Konferenz Wissenschaft und Nichtdualität in San Jose reden zu hören. Viele seiner Vorträge können Sie zusammen mit seinen umfangreichen Lehren kostenlos auf seiner Website finden: peterrussell.com.

RUPERT SPIRA

Rupert Spira ist Brite und lebt in England, wo er regelmäßig Treffen und Retreats abhält. Außerdem reist er viel, um mehrmals im Jahr Retreats in Europa und den Vereinigten Staaten zu geben. Rupert war ursprünglich Künstler und Keramiker und erkannte nach zwanzig Jahren spiritueller Praxis und Meditation durch seinen Lehrer Francis Lucille seine wahre Natur. Ruperts sprachgewandte und sehr vertrauliche Art zu unterrichten hat das Leben einer sehr großen Zahl von Schülern verändert. Seine Lehren spielten auf meiner Reise zum Erwachen eine wichtige Rolle, besonders im Hinblick auf das Loslassen der Identifikation mit dem Körper. Ruperts Antwort auf die Frage eines Schülers besteht darin, sorgfältig sicherzustellen, dass der Schüler die Antwort auch tatsächlich erlebt, statt bloß ein mentales Konzept als Antwort zu erhalten. Viele Video- und Audio-Aufnahmen von Ruperts Retreats und Vorträgen sind auf seiner Website verfügbar. Ruperts Bücher, die ich alle gelesen habe, sind *The Nature of Consciousness, The Transparency of Things, Being Aware of Being Aware* (dt. Ausgaben: *Das Sein des Seins, Bewusstsein ist alles, Bewusstsein bewusst sein); Transparent Body, Luminous World; The Light of Pure Knowing; The Art of Peace and Happiness; The Intimacy of All Experience* und *The Ashes of Love*. Besuchen Sie rupertspira.com.

ECKHART TOLLE

Eckhart Tolle ist ein in Deutschland geborener spiritueller Lehrer und Autor. Eckhart war die meiste Zeit seines Lebens depressiv gewesen, bis er im Alter von neunundzwanzig Jahren eine tiefgreifende innere Transformation erlebte, die sein Leben radikal veränderte. Mit seinen internationalen Bestsellern *The Power of Now* und *A New Earth* (dt. Ausgaben: *Jetzt! Die Kraft der Gegenwart* und *Eine neue Erde),* übersetzt in über zweiundfünfzig Sprachen, hat er Millionen Menschen in die Freude und Freiheit des Lebens im gegenwärtigen Augenblick eingeführt. Eckharts tiefgreifende und doch einfache Lehren haben bereits unzähligen Menschen auf der ganzen Welt geholfen, inneren Frieden und größere Erfüllung im Leben zu finden. Im Mittelpunkt seiner Lehren steht ein spirituelles Erwachen, das er als nächsten Schritt in der menschlichen Evolution betrachtet. Ein wesentlicher Aspekt dieses Erwachens ist die Überwindung unseres egobasierten Bewusstseinszustands. Wie viele Millionen anderer Menschen entdeckte ich Eckharts Lehren zum ersten Mal in seinem Buch *The Power of Now.* Ich hatte beim Lesen dieses Buches viele Veränderungen und spirituelle Erlebnisse und trug einige Jahre lang das Buch *Practicing the Power of Now* (dt. Ausgabe: *Leben im Jetzt)* bei mir und befolgte die Übungen. Seine weiteren Bücher sind *Stillness Speaks* und die Kinderbücher *Guardians of Being* und *Milton's Secret* (dt. Ausgaben: *Stille spricht, Tolles Tierleben, Miltons Geheimnis).* Eckhart gibt Retreats und hält Vorträge auf der ganzen Welt, was zu einem enormen Beitrag für die Menschheit führt, da er viele Menschen von den durch das Ego verursachten Bindungen des Leidens befreit. Eckharts Website ist eckharttolle.com.

UPANISCHADEN

Die Upanischaden sind alte Sanskrit-Texte spiritueller Lehren, die zwischen 800 und 200 v. Chr. aufgeschrieben wurden. Sie sind Teil der ältesten spirituellen Schriften des Hinduismus, der Veden.

ALAN WATTS

Alan Watts war ein britischer Schriftsteller und Lehrer, der östliche Philosophien für das westliche Publikum populär machte. Wunderschön vorgetragen, sind Alan Watts' Vorträge auch noch viele Jahre nach dem Tod seiner physischen Form im Jahr 1973 weltweit beliebt. Alan schrieb 25 Bücher (von denen ich viele gelesen habe). Zu den beliebtesten gehören *The Book: On the Taboo Against Knowing Who You Are*, *The Wisdom of Insecurity*, und *The Way of Zen* (dt. Ausgaben: *Die Illusion des Ich, Weisheit des ungesicherten Lebens, Zen-Buddhismus).* Seine Kinder haben einige seiner Vorträge online als Videos zur Verfügung gestellt und seine Reden und Vorträge auf der Alan-Watts-Website bewahrt, damit sein Beitrag für unseren Planeten über Generationen hinweg von Dauer bleibe: alanwatts.org.

PAMELA WILSON

Pamela Wilson lebt in der Gegend um die Bucht von San Francisco in Nordkalifornien und war Schülerin von Lester Levenson und Robert Adams. Seit über zwanzig Jahren reist sie durch die Vereinigten Staaten, Kanada und Europa, gibt Retreats und hält Vorträge und private Sitzungen in der Tradition der Nichtdualität. Sie ist selbst Anmut und Mitgefühl, und ich hatte das Glück, an mehreren ihrer Vorträge teilzunehmen. Sie ist auch in dem Buch *On the Mystery of Being* von Science and Nonduality vertreten. Pamelas Website bietet eine Fülle ihrer Lehren: pamelasatsang.com.

PARAMAHANSA YOGANANDA

In den über hundert Jahren seit seiner Geburt wurde dieser geliebte Weltlehrer als einer der bedeutendsten Botschafter der alten Weisheit Indiens im Westen anerkannt. Yoganandas Leben und Lehren sind noch heute eine Quelle des Lichts und der Inspiration für Menschen aller Rassen, Kulturen und Glaubensrichtungen. Unter seinen Schülern befanden sich viele prominente Persönlichkeiten aus Wissenschaft, Wirtschaft und Kunst; Präsident Calvin Coolidge empfing ihn offiziell im Weißen Haus. Wie so viele andere Menschen begegnete ich Yoganandas Lehren zum ersten Mal, als ich die *Autobiography of a Yogi* (dt. Ausgabe: *Autobiographie eines Yogi)* las, ein Buch, von dem Millionen von Exemplaren verkauft wurden. Es ist ein unvergessliches Werk, das eine spirituelle Revolution auslöste, und es hat auch mich tief beeindruckt. Sie können die *Autobiography of a Yogi* online auf der Website der (von Yogananda gegründeten) Self-Realization Fellowship lesen. Yogananda hat noch viele weitere Bücher geschrieben; durch Eintragen auf der Website können Sie die SRF-Lehrbriefe abonnieren, die von Yogananda selbst geschrieben wurden: yogananda.org.

Danksagung

Das größte Geheimnis hätte nicht ohne die Hilfe und Unterstützung vieler entstehen können. Zunächst möchte ich die Lehrer würdigen und ehren, deren aufschlussreiche Weisheiten in diesem Buch vorgestellt werden. Sie verkörpern Gnade und Weisheit, und ich bin überaus dankbar für ihre Bereitschaft zur Teilnahme an diesem lebensverändernden Buch.

Den Wissenschaftlern und Ärzten in diesem Buch gilt meine tiefste Dankbarkeit für ihre hochmodernen Sichtweisen, die die Menschheit braucht, um uns herauszuführen aus den dunklen Zeiten alter Paradigmen, die nicht mehr funktionieren, und hineinzuführen in die erleuchtende Gegenwart des wahren unendlichen Seins, das wir sind.

Um gegenüber den Mitgliedern des The-Secret-Teams, die mit mir an *Das größte Geheimnis* gearbeitet haben, meine Dankbarkeit für ihr Engagement und ihre Unterstützung für dieses Projekt auszudrücken, fehlen mir die Worte. Ich bin mir sicher: Jedes Mal, wenn ich dem Team verkünde, dass ich etwas Erderschütterndes entdeckt habe, das ich mit der Welt teilen muss, atmen sie tief durch und fragen sich, was als Nächstes kommen wird. Doch ausnahmslos alle sind aufgeschlossen und heben ihr Bewusstsein auf das erforderliche Niveau, um an ihrem jeweiligen Platz ihren unschätzbaren Beitrag zu leisten.

Skye Byrne (meine Tochter) ist die Lektorin von The Secret, meine Lektorin und mein menschlicher Kompass für alle meine Bücher. Um meine Bücher zu bearbeiten, muss Skye alle Lehren auf höchstem Niveau verstehen. Nur so kann sie sicherstellen, dass ich auf dem Weg bleibe und meinen größten Wunsch erfülle – so einfach wie möglich zu schreiben, damit Millionen von Menschen von ihrem Leid befreit werden und in Freude leben. An den frühen Stadien eines Buches zu arbeiten ist eine beachtliche Leistung, und es gibt keine andere Person auf dem Planeten, die es so brillant und perfekt machen könnte, wie sie es tut. Skye gebührt meine tiefste und unermessliche Dankbarkeit, da ihre leitende Hand auf jeder Seite zu finden ist.

Eine andere Hand, die Sie auf jeder Seite finden werden, ist die unseres Kreativchefs Nic George. Das schöne Design dieses Buches ist seinen außergewöhnlichen schöpferischen Fähigkeiten, seiner wundervollen kreativen Sicht- und Arbeitsweise sowie seinem tiefen intuitiven Gespür zu verdanken. Gemeinsam mit Nic ein neues Buch zu erschaffen ist ein Prozess reinster Freude, und ich fühle mich gesegnet, ihn und Josh Hedland zu haben, die Seite an Seite am Cover und Inhalt von *Das größte Geheimnis* gearbeitet haben.

Glenda Bell arbeitete unermüdlich mit den Lehrern, Mitwirkenden und ihren Teams zusammen, damit die Lehren im Buch genau dargestellt würden. Mit gewaltigem Einsatz arbeitete sie selbstlos und enthusiastisch rund um die Uhr, auch durch die Nächte und Wochenenden, um sich mit allen Zeitzonen zu verbinden. Dafür bin ich sehr dankbar.

Vielen Dank an den Rest des großartigen Secret-Teams: Don Zyck, unser Finanzchef, der allzeit bereit ist für den nächsten Quantensprung mit unserer Firma und der uns durch die juristischen und finanziellen Herausforderungen leitet und dafür sorgt, dass alles weiter in Richtung unserer Absicht fließt; Josh Gold, der unsere Social-Media-Plattformen alle hervorragend betreut und sicherstellen wird, dass jedes Land der Welt von diesem Buch erfährt; Marcy Koltun-Crilley, meine liebste Freundin, die mich von Anfang an auf dieser Reise begleitet hat. Ich fühle mich geehrt sagen zu dürfen, dass sie ein wesentlicher Bestandteil des Secret-Teams ist. Außerdem Produzent Paul Harrington, der schon ein Jahrzehnt bevor The Secret überhaupt entstand, an meiner Seite war. Paul ermutigte und inspirierte mich bereits in den frühen Stadien, *Das größte Geheimnis* zu schreiben, als es fast unmöglich schien, diese kostbare Wahrheit auf einfache Weise zu vermitteln. Paul produzierte auch das Hörbuch *Das größte Geheimnis,* arbeitete neben Tim Patterson in der Nachbearbeitung und ließ die einzigartigen Worte in diesem Buch in hörbarer Form lebendig werden.

Mein Dank geht an das großartige Team von HarperCollins, dessen Begeisterung bei der Arbeit an diesem Buch ansteckend ist. Vielen Dank an die wundervolle Judith Curr, die Präsidentin und Verlegerin von HarperOne, und an meinen fantastischen Herausgeber Gideon Weil, mit denen zusammenzuarbeiten eine große Freude war. Vielen Dank auch an Brian Murray, Terri Leonard, Yvonne Chan, Suzanne Quist, Laina Adler, Edward Benitez, Aly Mostel, Melinda Mullin, Adrian Morgan, Dwight Been, Anna Brower, Lucile Culver und Rosie Black.

Vielen Dank an das internationale HarperCollins-Team: Chantal Restivo-Alessi, Emily Martin, Juliette Shapland, Catherine Barbosa-Ross und Julianna Wojcik. Vielen Dank an das Team von HarperCollins UK: Charlie Redmayne, Kate Elton, Oliver Malcolm, Katya Shipster, Helen Rochester, Simon Gerratt und Julie MacBrayne. Und vielen Dank an die HarperCollins Global Publishing Partner: Brazil, Iberica, Portugal, Mexico, Italia, Holland, France, Germany, Polska, Japan und Nordic.

Besonderer Dank geht an folgende Personen, die mir mit ihrem unschätzbaren Feedback geholfen haben: Peter Foyo, Kim Wall, John Wall, Hannah Hodgden, Marcy Koltun-Crilley, Mark Weaver und Fred Nalder.

An meine Familie, Peter Byrne, Oku Den, Kevin (Kid) McKemy, Henley McKemy, Savannah Byrne Cronin und meine Tochter Hayley. Sie war die treibende Kraft, die mich vor sechzehn Jahren auf diese unglaubliche Reise auf der Suche nach der Wahrheit geschickt hat. Danke meinen liebsten Schwestern, Pauline Vernon, Glenda Bell und Jan Child, dass Ihr mich liebt und mir erlaubt, Euch zu lieben.

Schließlich danke ich meiner großartigen und wunderbaren Lehrerin. Ihre Worte und Lehren der Wahrheit haben mein Leben in den vergangenen vier Jahren radikal verändert und mir geholfen, klar zu sehen, wer ich wirklich bin. Dieses kostbare Buch halten Sie in Ihren Händen, weil sie grenzenlos gibt und geduldig hilft, mich nach Hause zu führen. Meine Liebe zu ihr kennt keine Grenzen.